Klaus Mees

Höhen-anpassung

Bruckmann Basic

BRUCKMANN

Uwe Klippel

5 Vorwort

Die Atmosphäre

7 Luftdruck
Höhe ist nicht gleich Höhe 8
9 Höhenbereiche
10 Temperatur und Luftfeuchtigkeit
11 Spektrum der UV-Strahlung

Anpassung an die Höhe

13 Atmung
Kurzfristiger Sauerstoffmangel 13 – Neues »Atemzentrum« wird aktiv 14
15 Die Sauerstoffbeladung der roten Blutkörperchen, die Sauerstoffsättigung
Pulsoxymeter 15 - Messwerte in der Höhe 17
18 Herz und Kreislauf
Höhenpuls 18 – Vorsicht bei Herzgefäßerkrankungen 19 – Das Blut wird zähflüssig 21
22 Höhenschlaf und Einschlafhilfen
24 Wie lange dauert die Akklimatisation?
25 Verbessert die Vorakklimatisation die Höhenanpassung?

Höhenkrankheiten und Gesundheitsrisiken

27 Akute Bergkrankheit, jeder reagiert unterschiedlich
29 Schnelle Höhenziele, Höhenkrankheit garantiert
Hochgelegene Flugziele 30 – Seilbahnanfahrten in den Alpen 30 – Auf dem Landweg 31
33 Lebensbedrohende Höhenödeme
Höhenhirnödem, wenn Kopfschmerzmittel nicht mehr wirken 34 – Höhenlungenödem, Kurzatmigkeit bis zum Ersticken 37
40 Höhenkrankheiten richtig behandeln
44 Einmal höhenkrank, immer wieder höhenkrank?
44 Höhentaktik oder wie kann ich den Höhenkrankheiten vorbeugen
46 Wichtige höhentaktische Regeln

47 Höhenkrankheiten mit Medikamenten vorbeugen?
49 Sehstörungen in der Höhe
Schneeblindheit 49 – Netzhautblutungen 51
52 Unterkühlung und Erfrierungen
54 Gesundheitsschäden durch UV-Strahlung
56 Thrombose, Embolie und der plötzliche Herztod
59 Höhenhusten und geeignete Hustenmittel
60 Kinder und Senioren
61 Antibabypille
62 Schwangerschaft
63 Diabetes mellitus

Vorbereitung und Training

67 Die Höhe ist ein Leistungskiller
69 Höhenbergsteiger brauchen Ausdauer
70 Wie kann ich mich zu Hause vorbereiten?
72 Hypoxietraining und Höhensimulation
73 Training der Atemmuskulatur

Bergsteigen, Trekking und Expeditionen

75 Alpines Bergsteigen – Viertausender ohne Akklimatisation?
77 Trekking und Expeditionen
Oft ist der Zeitrahmen knapp 79 – Auf dem Everest-Trek wird fast jeder Zweite höhenkrank 80 – Höhentaktik an einem Achttausender 82 – Oft eine Frage der Ehre – zusätzlicher Sauerstoff? 84 – Jetlag 87
89 Gibt es einen Test zur Bestimmung der Höhentauglichkeit?
90 Höhentauglichkeitsuntersuchung

Anhang

93 Register – Alles von A bis Z
96 Der Autor
96 Impressum

Vorwort

Wenn der Alltag ein ständiger Zwang zum Funktionieren ist, wenn für Kreativität kein Raum mehr bleibt, wenn Erfolgserlebnisse nicht mehr sichtbar werden und wenn Langeweile zunehmend durch Konsum ersetzt wird, dann empfinden wir Alltagsgrenzen immer mehr als Fessel und spätestens dann machen wir uns auf die Suche nach neuen Wegen und neuen Erfahrungen. Gleichgültig welches Motiv uns treibt, ob es die Suche nach neuen sinnlichen Erfahrungen oder nach körperlichen Herausforderungen ist, immer entspringt es dem Wunsch Grenzen zu verschieben und Neues zu entdecken. Keine Frage, das Leben eines »Grenzgängers« ist bewegter. Sicher, das Leben hält viele Herausforderungen für uns bereit, aber die alpinistischen Herausforderungen sind etwas ganz Besonderes und stets tief prägende Erlebnisse in einem Bergsteigerleben. Aber sie geben uns nicht nur innere Ruhe und Ausgeglichenheit, sie halten auch Gefahren für uns bereit, für unsere Gesundheit und für unser Leben und es sind nicht nur die alpinistischen Gefahren, auch die Höhe selbst kann zur Gefahr werden.

Baltoro-Gletscher, Karakorum

Mit zunehmender Höhe wird die Luft dünner. Bis zum höchsten Gipfel der Erde, dem Mount Everest (8850 m) fällt der Luftdruck um zwei Drittel. Und bereits ab 2500 m kann der verminderte Atmosphärendruck nicht mehr sofort kompensiert werden und bei falscher Höhentaktik drohen Höhenkrankheiten, auch solche, die tödlich sind. Ob nun eine Hochtour in den Alpen, die Besteigung des Kilimanjaro, eine Trekkingtour oder Expedition im Himalaya, oder die anspruchsvolle Radtour von Lhasa nach Kathmandu geplant ist, ohne Anpassung an die dünne Höhenluft lassen sich solche Ziele nicht verwirklichen.

Linke Seite: Mont Blanc, Gipfelaufbau

Die Atmosphäre

Die Atmosphäre, die Lufthülle der Erde, ist etwa 90 Kilometer dick. 90% der gesamten Luftmasse und nahezu der gesamte Wasserdampf befinden sich jedoch in der erdnahen und dünnsten Schicht der Atmosphäre, der Troposphäre, einer an den Polen nur 8 und am Äquator 16 Kilometer dicken Hülle. Die unterschiedliche Dicke dieser Schicht ergibt sich aus der Zentrifugalkraft infolge der Erdrotation.

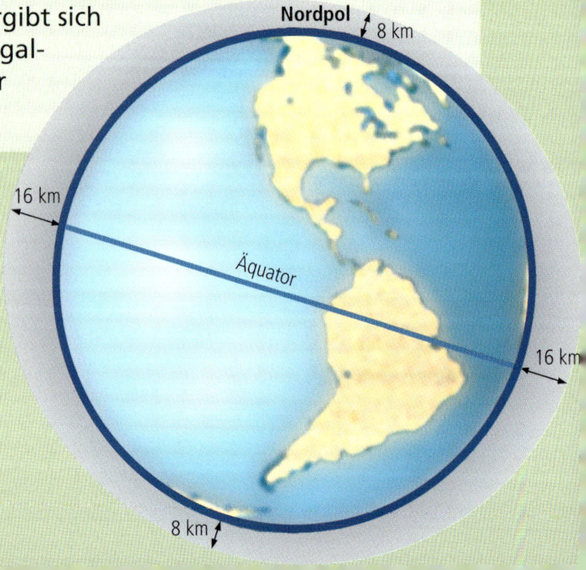

Die Erdatmosphäre besteht aus Gasmolekülen, knapp 21% davon sind Sauerstoffmoleküle und 78% Stickstoffmoleküle. Der Rest setzt sich zusammen aus Argon (0,9%), Kohlendioxid (0,03%), unterschiedlichen Mengen von Wasserdampf und Wasserstoff und anderen Edelgasen.

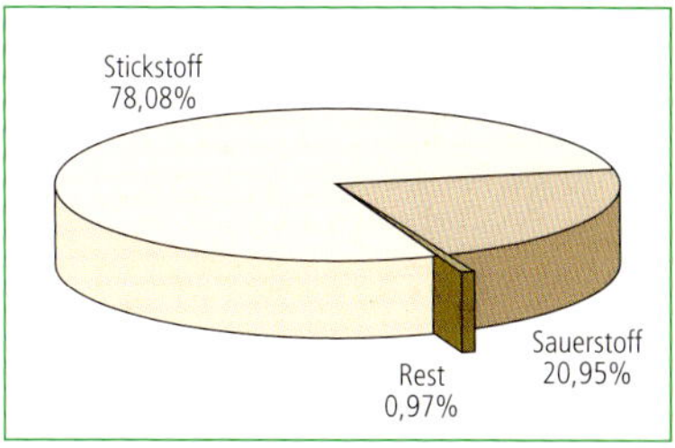

Luftdruck

Das Gewicht der Luft, bzw. ihrer Gasmoleküle, erzeugt einen Druck auf die Erdoberfläche. Dieser Druck, den die Luft infolge der Schwerkraft ausübt, wird auch atmosphärischer Luftdruck genannt. Eine gedachte Luftsäule vom Erdboden (Meereshöhe) bis an den Rand der Atmosphäre lastet mit einem Gewicht von 1013 Hectopascal (hPa) auf einer Einheitsfläche. Je kleiner die Luftsäule umso geringer deren Druck. Mit steigender Höhe ändert sich somit der Druck. Er sinkt von 1013 hPa auf Meereshöhe bis auf 225 hPa am oberen Rand der Troposphäre.
Die prozentuale Zusammensetzung der Luft bleibt aber bis in den oberen Grenzbereich der Troposphäre unverändert und der Sauerstoffanteil mit knapp 21% konstant.
Bis zum höchsten Gipfel der Erde, dem Mount Everest (8850 m), fällt der Luftdruck um zwei Drittel, in gleicher Weise vermindert sich der Druck, den die Sauerstoffmoleküle allein ausüben (Sauerstoff-Teildruck).
Beträgt er auf Meereshöhe noch 213 hPa (21% von 1013 hPa), dann sind es auf dem Gipfel des Mount Everest gerade noch etwa 70 hPa.
Mit fallendem Luftdruck sinkt auch die Dichte der Gasmoleküle und somit auch der anteiligen Sauerstoffmoleküle.
Der Anteil der Sauerstoffmoleküle, die wir dort mit jedem Atemzug in unsere Lunge aufnehmen, ist somit auch um 2/3 vermindert. Ohne Akklimatisation und kurzfristige Anpassungsvorgänge kann ein solcher Sauerstoffmangel nicht überlebt werden.

Linke Seite: Unterschiedlich dicke Troposphäre

Erstmals gemessen wurde der Luftdruck auf dem Gipfel des Everest im Rahmen der AMREE (American Medical Research Expedition to Mount Everest) im Oktober 1981. Er betrug 253 mm Hg (**337,5 hPa**).*
Dieser Wert gilt allerdings nur für die relativ wetterstabilen und warmen Besteigungsmonate Mai und Oktober!
Am Mont Blanc, dem höchsten Alpengipfel, erwartet uns auf 4807 m ein um 45% erniedrigter Luftdruck (555 hPa) und auf der Zugspitze (2962 m) beträgt er im warmen Juli 712,7 hPa und ist somit bereits spürbar um 30% reduziert.

Info!

Luftdruckabfall bis 2500 m um 25%,
bis 5000 m um 50%,
bis Everesthöhe, 8850 m, um etwa zwei Drittel (67%).

Höhe ist nicht gleich Höhe Neben der Höhe ist der Luftdruck auch noch abhängig vom Breitengrad. Über dem Äquator dehnt sich die Lufthülle stärker aus als über den Polen. Je weiter der geplante Gipfel in den südlichen Anden oder im nördlichen Karakorum und Himalaya vom Äquator entfernt liegt, umso niedriger ist der Luftdruck. Am Mt. Vinson, dem höchsten Berg der Antarktis (5140 m, Südpol), atmet es sich deshalb schwerer als auf dem knapp 1000 m höheren und äquatornahen Huayna Potosi (6088 m) in Bolivien. Stünde der Everest z. B. 10 Breitengrade nördlicher, dann wäre der Luftdruck am Gipfel um etwa weitere 13,5 hPa niedriger, und der Gipfel ohne zusätzlichen Sauerstoff nicht mehr zu erreichen. Auch die Jahreszeiten und die örtlichen Wetterverhältnisse spielen eine große Rolle. Je wärmer die Jahreszeit und je stabiler der Hochdruck, umso höher der Luftdruck. Im kalten Januar ist der Luftdruck am Everest (324 hPa) und der Zugspitze (700,4 hPa) im Mittel um 15 hPa niedriger. An der Zugspitze ist dies für Bergsteiger und Skifahrer belanglos, am Everest aber bedeutet eine derartige Druckreduktion eine Minderung der Leistungsfähigkeit um 25% in der Gipfelzone! Auch eine Tiefdrucklage lässt den Luftdruck rasch weiter fallen. Notbiwaks jenseits der so genannten Todeszone von 7500 Meter haben sich deshalb schon oft als tödliche Fallen erwiesen.

* Gemessen wurde der Druck damals mit einem Quecksilberbarometer. Hierbei wird der aktuelle Luftdruck mit der Höhe der Quecksilbersäule angezeigt. Eine Quecksilbersäule von 760 mm entspricht einem Druck von 1013 hPa. Die Druckmessung mit Quecksilberbarometern ist im Zuge der internationalen Vereinheitlichung seit 1978 in Deutschland nicht mehr zulässig. Nur noch in der Medizin ist es üblich den Druck in »mm Hg«

Höhenbereiche, Luftdruck und Temperatur

	Höhe m		O_2-Gehalt %	Luftdruck hPa	Sauerstoff-Teildruck %	Sommer-Temperatur °C
extreme Höhen	9000	8850 Mount Everest		337,5	33	−38,5
	8000					−32,0
	7000					−25,5
	6000					−19,0
große Höhen	5000	4807 Mont Blanc		555	55	−12,5
	4000		21			− 6,0
	3000	2962 Zugspitze		712	70	0,5
mittl. Höhen	2000					7,0
niedr. Höhen	1000					13,5
	0			1013	100	20,0

Tipp!

Wer seine Höhenverträglichkeit zunächst einmal gerne in möglichst sauerstoffreicher Luft ausloten will, der reist in den warmen Besteigungsmonaten zu den tropischen Gipfeln in Bolivien oder Peru oder nach Afrika zum Kilimanjaro.

Höhenbereiche

In Abhängigkeit von Art und Umfang der Anpassung an die Höhe unterscheidet man drei unterschiedliche Höhenbereiche: mittlere Höhen, von 1500 m bis 2500 m, große Höhen bis 5300 m und extreme Höhen jenseits von 5300 m.

- **Bis 2500 m** ist **keine Akklimatisation erforderlich.** Herz, Kreislauf und Lunge passen sich der Höhe sofort an und kompensieren den atmosphärischen Sauerstoffmangel vollständig. Ziele in diesem Höhenbereich kann man im Rahmen einer Tagesetappe erreichen und auch eine Nächtigung in dieser Höhe birgt für Herz-, Kreislauf- und Lungengesunde keine Risiken. Gleiches gilt für passive Aufstiege mit Fahrzeug, Flugzeug und Seilbahn.

- Der Höhenbereich der **großen Höhen** (2500–5300 m) **erfordert** eine **Akklimatisation.** Die Sauerstoffversorgung der Gewebe bleibt nach Überschreiten der Schwellenhöhe (2500 m) zunächst eingeschränkt, weil der stärker verminderte Atmosphärendruck nicht sofort kompensiert werden kann. Die Sauerstoffunterversorgung ist am größten bei körperlicher Aktivität und im Schlaf. Bei gestörter Akklimatisation entwickeln sich Höhenkrankheiten.
- In **extremen Höhen, oberhalb von 5300 m** ist eine **Akklimatisation und** somit ein **Daueraufenthalt nicht möglich**, nur eine Anpassung für Kurzaufenthalte. Höhenkrankheiten treten nahezu ausschließlich in den lebensbedrohenden Formen (Höhenhirnödem, Höhenlungenödem)auf.

Geringe Höhen:	<1500 m	keine Anpassung erforderlich
Mittlere Höhen:	1500–2500 m	ausreichende Sofortanpassung durch verstärkte Atem- und Herztätigkeit, Akklimatisation nicht erforderlich
Große Höhen:	2500–5300 m	Sofortanpassung unzureichend, Akklimatisation erforderlich
Extreme Höhen:	>5300 m	vollständige Akklimatisation nicht möglich, nur noch Anpassung der Atmung für Kurzaufenthalte

Temperatur und Luftfeuchtigkeit

Die Lufttemperatur ist neben der Intensität der Sonneneinstrahlung vor allem von der Höhe abhängig. Je höher, desto kälter. Bis zum Everestgipfel erniedrigt sie sich auf etwa –40 °C.

Info!

Pro 1000 Höhenmeter sinkt die Temperatur um durchschnittlich 6,5 °C. Bei Windstille und wolkenlosem Himmel können die Temperaturen, selbst oberhalb von 6000 Metern aber noch auf über 20 °Celsius klettern.

Das Aufnahmevermögen der Luft für Wasserdampf sinkt mit abnehmendem Luftdruck und fallenden Temperaturen. Bei 0 °C beträgt die maximale Luftfeuchtigkeit noch 5 und bei –20 °C nur noch knapp 1,5 Gramm Wasserdampf pro kg Luft. Am Nord- und am Südpol sind in der oberen Troposphäre nur noch weniger als 1 Gramm Wasserdampf in 1 kg Luft, in den Tropen können es 30 Gramm sein. Zur Anfeuchtung der Atemluft muss deshalb das Wasser der Schleimhaut der Atemwege entzogen werden. Oft mit weitreichenden Konsequenzen. 70% aller Infektionen bei Trekkingtouren und Expeditionen betreffen die Atemwege. Dort wird die eingeatmete Luft auf etwa 37 °C erwärmt und angefeuchtet. Bei dieser Temperatur beträgt der Wasserdampfdruck 47 mm Hg (62,7 hPa), auf Meereshöhe entspricht das etwa 6% des Atmosphärendrucks von 1013 hPa (760 mm Hg). Der Sauerstoff-Teildruck in der Atemluft verringert sich somit um 6%. Auf dem Gipfel des Everest, wo die Atemluft gleichfalls auf 37 °C erwärmt werden muss und der Wasserdampfdruck unverändert 47 mm Hg, der Atmosphärendruck aber nur noch etwa 253 mm Hg beträgt, hat dies weitreichende Konsequenzen. Der Sauerstoff-Teildruck in der Atemluft wird nun um knapp 19% gemindert und verstärkt den Sauerstoffmangel weiter.

Spektrum der UV-Strahlung

Der ultraviolette und nicht sichtbare Anteil des Sonnenlichts wird von der dünnen Ozonschicht in der Stratosphäre großteils herausgefiltert. Dies gilt vor allem für das energiereiche UV C (Wellenlänge <280nm) und zum Teil für das UV B (Wellenlänge 320–280 nm), während das langwelligere UV A (400–320 nm) weitgehend ungefiltert zur Erde gelangt. Es macht etwa 90–95% der terrestrischen UV-Strahlung aus. ***In der Höhe nimmt die UV-Strahlung zu, vornehmlich die für uns schädlichere UV B Strahlung. Ursachen sind die verringerte Strahlenabsorption infolge der geringeren Luftdichte und des geringeren Wasserdampfgehaltes und die erhöhte Reflexion durch Schnee.***

Info!

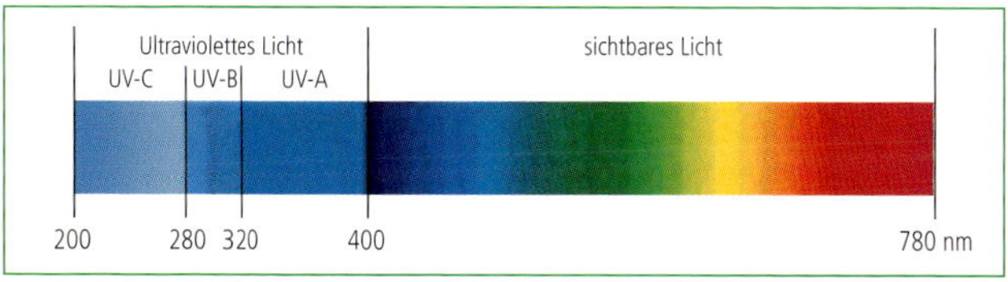

Ultraviolettes und sichtbares Lichtspektrum

Anpassung an die Höhe

Akklimatisation bedeutet Anpassung an eine neue Umgebung, im Hochgebirge vor allem an die dünne Höhenluft. Es ist ein komplexer und Tage dauernder Vorgang mit dem Ziel, den erforderlichen Sauerstoffbedarf trotz geringerem Sauerstoffgehalt in der Atemluft weiterhin zu gewährleisten.

Atmung

Die Atmung geht in der Höhe schneller und wird tiefer. Durch Erhöhung von Atemfrequenz und Atemzugvolumen kann das Atemvolumen von 8 auf bis zu 200 Liter pro Minute gesteigert werden.
Eine **weitere** Erhöhung des Atemzugvolumens ist auch durch Trainingsmaßnahmen nicht möglich, allerdings eine Stärkung der Atemmuskulatur und somit die Erhöhung der Atemfrequenz (s. Training der Atemmuskulatur, S. 73).

Kurzfristiger Sauerstoffmangel Sinkt der Sauerstoff-Teildruck in den Lungenbläschen unter den kritischen Wert von 35 mm Hg, dann drohen Störungen der Gehirnfunktion. Ein solcher Wert kann bereits nach einem raschen Aufstieg auf etwa 4000 m erreicht werden z. B. bei einem Flug nach La Paz. Piloten von Segelflugzeugen benutzen deshalb oft schon ab einer Flughöhe oberhalb von 3000 m Zusatz-Sauerstoff. Unerlässlich ist für die Piloten der Gebrauch von Sauerstoff bei kurzfristigen Aufstiegen auf Höhen über 4200 Meter oder bei Aufenthalten von länger als 30 Minuten oberhalb von 3800 Meter. Oberhalb von 5500 Metern verlangt die FAA (Federal Aviation Administration) von Piloten in Flugzeugen ohne Druckausgleich in der Flugkanzel eine Sauerstoff-Zusatzatmung über eine geschlossene Gesichtsmaske. Dieses System passt den eingeatmeten Sauerstoff automatisch dem atmosphärischen Umgebungsdruck an und liefert ab etwa 13 000 m reinen Sauerstoff.
Die Atmung wird durch das Atemzentrum im Hirnstamm gesteuert. Dieses Zentrum wirkt über Nerven, welche die Aktivität der Atemmuskulatur (Zwischenrippenmuskeln und Zwerchfell) steuern. Um eine Sauerstoff-Mangelversorgung zu kompensieren, wird im Atemzentrum vornehmlich der aktuelle Kohlendioxid-Teildruck im Blut von Chemorezeptoren (zur Reizaufnahme spezialisierte Zellen) registriert und so die Atembewegungen beeinflusst. Dieses Regelsystem funktioniert in der Höhe aber nicht mehr effizient, ja es bremst eher die Anpassung unserer Atmung. Dadurch, dass

Linke Seite: Gasherbrum II, Ankunft im Gipfellager

wir in dünner Luft verstärkt atmen und Kohlendioxid verstärkt abatmen, erreichen wir die Kohlendioxid-Sollwerte im Atemzentrum immer schlechter, mit der Folge, dass der Atemreiz verzögert einsetzt, d. h. man atmet während der Akklimatisation unwillentlich weniger als erforderlich.

Neues »Atemzentrum« wird aktiv Mit zunehmender Aufenthaltsdauer in der Höhe gewinnt die Beeinflussung unserer Atmung durch die Glomuskörperchen, die beiderseits an der Gabelung der Halsschlagader liegen, an Bedeutung. Deren Chemorezeptoren registrieren vornehmlich den Sauerstoff-Teildruck (pO_2) im Blut und steuern über eine nervale Verknüpfung mit dem Atemzentrum gleichfalls die Atemtätigkeit. Diese Steuerung der Atmung ist in der dünnen Höhenluft effizienter, denn sie gewährleistet auch bei verstärkter Atemtätigkeit und niedrigem Kohlendioxid-Teildruck (pCO_2) noch adäquate Atemreize.
Bis aber Sollwerte und Regelmechanismen durch Einbeziehung der peripheren Rezeptoren angepasst und aufeinander abgestimmt sind, vergehen viele Tage und schlafarme Nächte.

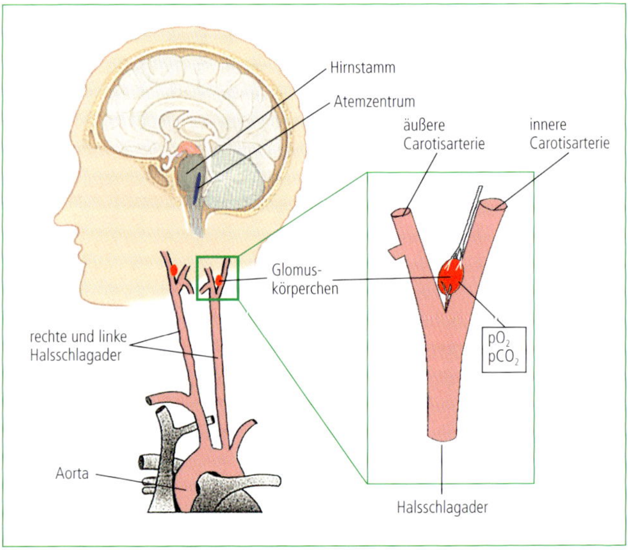

Steuerung der Höhenatmung

Die Sauerstoffbeladung der roten Blutkörperchen, die Sauerstoffsättigung

Die Messung der Sauerstoffsättigung ist ein allmorgendliches Ritual nach dem Aufwachen bei Trekkern und Höhenbergsteigern. Sie gibt Aufschluss über die Sauerstoffbeladung der roten Blutkörperchen.

Info!

Auf Meereshöhe beträgt die Sauerstoffsättigung bei Gesunden etwa 96–98%. Sinkt der Sauerstoffgehalt in der Atemluft, dann sinkt auch die Sauerstoffbeladung der roten Blutkörperchen in der Lunge und somit die Sauerstoffsättigung im Blut.

Die Sauerstoffsättigung zeigt an, wie gut oder schlecht die aktuelle Anpassung an die dünne Luft ist und vor allem auch, wann Anpassungsstörungen und Höhenkrankheiten drohen.

Allerdings kann die Sauerstoffsättigung durch eine bewusst verstärkte Atemtätigkeit soweit verbessert werden, dass der gemessene Wert fälschlicherweise eine gute Akklimatisation anzeigen kann. Denn wer bewusst schnell und tief atmet, verbessert den Sauerstofffluss in der Lunge und somit auch seine Sättigungswerte. Deswegen können Werte, die unter

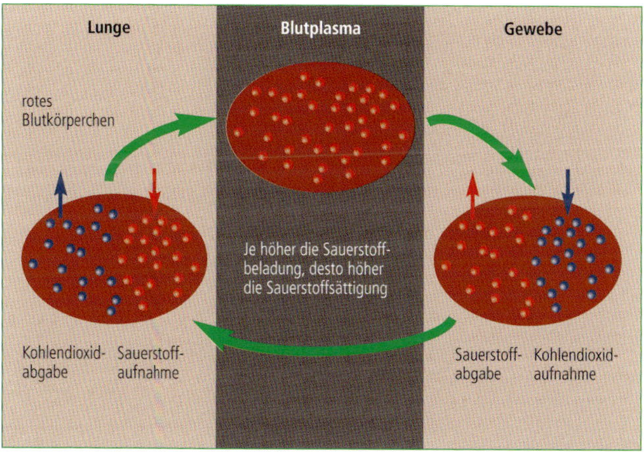

Sauerstofftransport und Sauerstoffsättigung

solchen Bedingungen gemessen werden, nicht zur Beurteilung der Akklimatisation verwendet werden.

Pulsoxymeter messen die Sauerstoffsättigung

Mit einem modernen und leichten Pulsoxymeter lässt sich die Sauerstoffsättigung mit einem Clip am Finger bestimmen. Hierbei misst eine Fotoelektrode den Anteil des Lichts, der durch den Finger dringt. Dieser ist abhängig von der Sauerstoffbeladung der roten Blutkörperchen. Aus der gemessenen Lichtmenge errechnet das Gerät den Sättigungswert. Zusätzlich zeigen die Geräte auch den Puls an und können, wenn es sein muss, bis zum Gipfel mitgenommen werden. Allerdings entblößt dort kaum jemand freiwillig den Finger zum Messen, es sei denn die Temperaturen sind zum Aushalten. Viel wichtiger als auf dem Gipfel sind aber die Messungen zu Beginn der Unternehmung, vor allem in den beiden ersten Wochen während der Gewöhnung an die jeweiligen Höhenstufen. Wichtig ist nicht nur der aktuelle Wert, sondern vor allem auch die Entwicklung der Sättigung im Verlauf des Anstiegs.

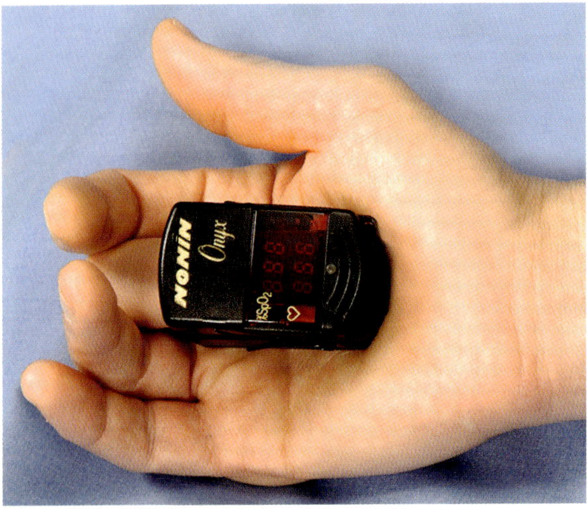

Messung der Sauerstoffsättigung am Mittelfinger

Tipp!

Gleiche Ausgangsbedingungen sind z. B. gewährleistet, wenn man immer am gleichen und warmen Finger, in einer körperlichen Ruhesituation und bei aufgelegtem Arm misst. Der Messfinger muss sauber und trocken sein und der Untersuchte soll während der Messung nicht auf das Display schauen und normal atmen.

Gasherbrum II, Südwestsporn

Misst man zusätzlich auch unter körperlicher Belastung dann sollte die Differenz zwischen Ruhe- und Belastungssättigung immer kleiner als etwa 15% sein. Eine größere Differenz ist immer ein Hinweis für eine Anpassungsstörung.

Wer ganz sicher gehen will, misst noch ein zweites Mal, bei korrekter Messung **sollte** die Abweichung nicht mehr als 2% betragen.

Messwerte in der Höhe

Info!

Bis zu einer Höhe von 3000 Meter sollte die Sauerstoffsättigung in Ruhe nicht unter 90% und bis auf 5500 Meter nicht unter 75% absinken.

Eine Sättigung, die deutlich stärker abfällt, zeigt immer eine Anpassungsstörung an oder ist womöglich schon Ausdruck einer Höhenkrankheit. Umgekehrt kann bei einem Beschwerdebild, vereinbar mit einer Höhenkrankheit, eine solche aber mit einem guten Sättigungswert ausgeschlossen werden.

Anlässlich unserer medizinischen Forschungsexpeditionen zum Gasherbrum II, 2003 und Everest-Nord 2004 wurde auch die Sauerstoffsättigung bis auf 7500 m gemessen. Bei

Ankunft im Everest-Basislager, 5400 m hoch, ist diese auf durchschnittlich 80% und im Schlaf sogar bis auf 70%, vereinzelt auch bis 66% abgefallen. Mit längerem Höhenaufenthalt und besserer Akklimatisation stieg sie wieder an und erreichte zwei Wochen später Werte, die tagsüber um durchschnittlich 5 und nachts um etwa 10 Prozent höher waren. Bis auf 7500 m verschlechterte sich die Sättigung dann am Tag wieder bis auf 65% und nachts auf bis zu 55%.

Info!

Bei Abfall der Sauerstoffsättigung bis 90% wird die körperliche Leistungsfähigkeit nur geringgradig eingeschränkt, unterhalb von 80% jedoch deutlich spürbar.

Herz und Kreislauf

Höhenpuls Ein weiterer wichtiger Anpassungsmechanismus an den Sauerstoffmangel in der Höhe ist die Zunahme der Herztätigkeit. Das Blut fließt rascher durch die Lunge und den Körper. Die roten Blutkörperchen werden in der Lunge in immer kürzerer Zeit mit Sauerstoff beladen. Je größer die Höhe und je schlechter die Anpassung umso höher der Puls.

Alpamayo, Hochlager

Info!

Zur Verlaufskontrolle der Akklimatisation ist deshalb auch der Ruhepuls gut geeignet. Am besten bestimmt man ihn unmittelbar nach dem Aufwachen. Erhöhte Werte zeigen an, dass die Akklimatisation für die aktuelle Höhenstufe noch nicht abgeschlossen ist.
Im Idealfall sollte der Höhenpuls nicht mehr als etwa 20 Prozent über dem heimischen Talpuls liegen, aber diese Idealwerte werden ab etwa 4500 Meter immer seltener erreicht.

Umso wichtiger wird auch die Überprüfung der Sauerstoffsättigung im Blut, die mit gewissen Einschränkungen ebenfalls Aufschluss über das Ausmaß der Akklimatisation geben kann.

In den ersten Tagen der Anpassung kann der Puls bis zu 30 Schläge und mehr über dem Normalwert liegen, bei körperlicher Belastung kann er rasch auf das Doppelte und noch stärker ansteigen.

Jenseits von 5500 m schwanken die Ruhepulswerte individuell bereits so stark, dass Empfehlungen wie, man solle erst wieder weiter aufsteigen, wenn der Ruhepuls nicht mehr als 20% über dem Talwert liegt, in solchen Höhen nicht mehr einzuhalten sind. Für Touren in den Alpen ist dieser Wert aber ein guter Richtwert.

Neben der Herzfrequenz wird auch das Schlagvolumen, das Blutvolumen, das bei einem Herzschlag von der linken Herzkammer ausgeworfen wird, erhöht. Beides steigert das Herzzeitvolumen über das Ruhevolumen von etwa 6 Liter/Min. auf ein Vielfaches. Auf diese Weise kann eine dem Bedarf angepasste Durchblutung, vor allem der Sauerstoff verbrauchenden Muskulatur, gewährleistet werden.

Vorsicht bei Herzgefäßerkrankungen Bei vorgeschädigten Herzkranzgefäßen (Arteriosklerose, vornehmlich Raucher!) kann schon unterhalb der Schwellenhöhe von 2500 m die erforderliche Durchblutung des Herzmuskels nicht mehr gewährleistet sein.

Info!

Der plötzliche Herztod in den Alpen ereilt vornehmlich Männer über 45 und Frauen über 55 Jahren.

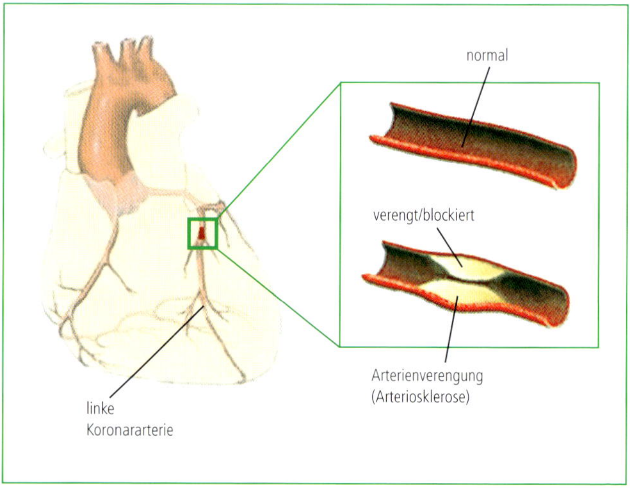

Verengung (Arteriosklerose) im linken Herzkranzgefäß (Koronararterie)

Ein Funktionstest (Belastungs-Elektrokardiogramm) ist somit in diesem Alter sinnvoll, zumal, wenn bei körperlicher Belastung in Tallagen schon entsprechende Beschwerden bestehen. Bestehen hingegen keine Beschwerden und ist das Belastungs-EKG unauffällig, dann ist das Risiko eines Herzinfarktes bis auf etwa 2500 m hinauf nicht größer als in Talhöhe.

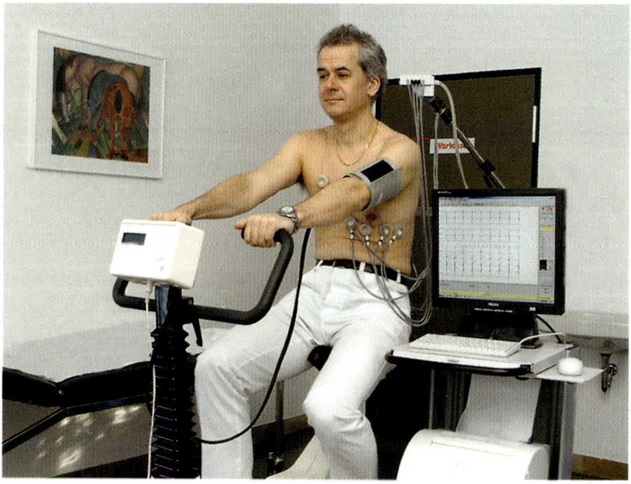

Belastungs-Elektrokardiogramm

Das Blut wird zähflüssig Etwa die Hälfte unseres Blutvolumens besteht aus Blutzellen, überwiegend aus roten Blutkörperchen, die den Sauerstofftransport gewährleisten.
Wenige Stunden nach Höhenexposition kommt es zu einer Verminderung des Blutvolumens. Blutflüssigkeit bzw. Plasma wird verstärkt über die Niere ausgeschieden. Mit diesem Trick wird die Konzentration der sauerstofftransportierenden roten Blutkörperchen erhöht, zwar nur relativ, aber das ist bereits vorteilhaft im Hinblick auf den Sauerstofftransport. Denn bis sich die Anzahl an roten Blutkörperchen in der erforderlichen Menge erhöht hat, werden noch Wochen vergehen und so kann mit dieser Maßnahme kurzfristig eine Lücke in der Sauerstoffversorgung geschlossen werden. Aber mit zunehmender Konzentration des Blutes steigt auch die Blutviskosität (Zähflüssigkeit). Das Herz muss stärker pumpen und schafft es doch nicht immer, das dickflüssige Blut in ausreichender Menge durch die kleinsten Gefäße zu pumpen.
Aufschluss über die erhöhte Blutkonzentration gibt der Hämatokritwert. Dieser zeigt das Verhältnis von Blutzellvolumen zu Gesamtblutvolumen an und beträgt unter Normalbedingungen beim Mann etwa 0,40 bis 0,54. Bei der Frau liegt er um etwa 0,5 Punkte niedriger. Werte von 0,58 oder gar 0,6 sind bei Höhenbergsteigern nicht selten.

Höhenschlaf und Einschlafhilfen

So wie der Hunger in der Höhe nachlässt, so auch die Leichtigkeit einzuschlafen:

Everest-Trek, Gorak Shep, 5200m
Wir liegen lange wach in unserem Zelt. All unsere Sinne sind gespannt bis zum Äußersten, ständig horchen wir in die Nacht hinein, hören den Wind und Geräusche, die wir nicht zuordnen können, schrecken auf wenn wieder ein Eisturm umfällt und herabstürzt, oder sich aus einem Hängegletscher ein Eisbrocken löst und mit Getöse herunterpoltert, spüren die eisige Kälte, die immer stärker in unsere Schlafsäcke kriecht und bewegen Ge-

danken im Kopf, die uns ständig am Einschlafen hindern. Haben Angst höhenkrank zu werden.

Auch auf hochgelegenen Alpenhütten kann man schlecht ein- und kaum durchschlafen. Sicher die Umgebung ist fremd, das Lager ungewohnt, vielleicht quälen auch Kopfschmerzen. Auch lautstarkes Schnarchen ist nicht schlafför-dernd, aber vor allem die Höhe und die natürliche Reaktion unserer Atmung auf die dünnere Luft beeinträchtigen unseren Schlaf.
Oft ist man irritiert, wenn man feststellt, dass der Schlafpartner in der Hütte oder im Zelt nicht mehr atmet und ist erst dann wieder beruhigt, wenn die Atmung nach einer Pause wieder mit tiefen Zügen einsetzt. Diese flachen dann erneut ab, kommen immer spärlicher und setzen letztendlich wieder vollständig aus, bis sich nach einer mitunter quälend langen Pause mit einem tiefen Atemzug das ganze periodisch wiederholt.
Diese Höhenatmung bezeichnet man als Cheyne-Stokesche Atmung, »erst ist sie schön, dann stockt sie«. Mit dieser

Gorak Shep, Everest Trek

Everest, Nordsattel

Eselsbrücke haben sich bereits Generationen von Medizinstudenten die Eigenart dieser Atmung gemerkt.
Wer sich durch Kurzatmigkeit, weiteren Abfall der Sauerstoffsättigung und das wiederholte nächtliche Aufwachen gestört fühlt, dem bleibt zunächst nur übrig sich immer wieder aufzusetzen und verstärkt zu atmen um die schlechte Sauerstoffsättigung im Blut zu verbessern oder unter Umständen sogar wieder abzusteigen und sich in geringeren Höhenetappen an die dünne Luft zu gewöhnen. Hilfreich ist oft auch die Hochlagerung des Oberkörpers, z. B. mit Rucksack oder Kleidungsstücken unter Isomatte oder Schlafsack. Sie verhindert infolge der weniger horizontalen Schlafposition einen noch stärkeren Anstieg des Blutdrucks im Lungenkreislauf und eine noch schlechtere Sauerstoffbeladung der roten Blutkörperchen.
Auch mit medikamentöser Unterstützung können Ein- und Durchschlafen verbessert werden (Diamox 125–250 mg).

Tipp!

In keinem Fall ist es jedoch ratsam, während der Akklimatisation Schlafmittel zu nehmen. Diese dämpfen nahezu ausnahmslos den Atemantrieb und lassen die Sauerstoffsättigung noch weiter absinken.
Nach der Akklimatisation können bestimmte Schlafmittel in niedriger Dosierung hilfreich sein. Messner hat in der Höhe

oft ein Benzodiazepinpräparat genommen. Ein Vertreter dieser Stoffgruppe, das Temazepam (Planum mite), hat sich auf Basislagerhöhe auch als durchaus geeignet erwiesen. In den Hochlagern sollte man aber auf die Einnahme auch solcher Präparate verzichten, da sie dort die ohnehin schon eingeschränkte nächtliche Atemantwort noch weiter abschwächen können.

Wie lange dauert die Akklimatisation?

Info!

Die Akklimatisation bis 4000 m dauert einige Tage bis eine Woche und bis 5000 m bis zu zwei Wochen.

Bleibt man länger in dieser Höhe, wird die Anpassung immer besser, weil immer mehr rote Blutkörperchen gebildet werden und auch die Blutflüssigkeit, bzw. das Blutplasma wieder zunimmt. Somit lassen sich große Höhenziele während der Akklimatisation nur etappenweise erreichen.

Info!

Jenseits von etwa 5300 m ist die Luft bereits so dünn, dass auch bei längeren Aufenthalten keine dauerhafte Anpassung erreicht wird.

Auch bei bester Versorgung ist der körperliche Verfall (Höhendeterioration) nicht zu vermeiden. Gipfelziele in extremen Höhen, vor allem an Achttausendern, lassen sich nur

»Akklimatisationstrunk«, Weisswein (Fendant) am Ende (!) der Tagesetappe

Cho Oyu, eine riesige Schneebrettlawine hat die Aufstiegsspur unter dem Eisbruch großteils zerstört.

bei bester Anpassung der Atmung und auch nur innerhalb eines kurzen Zeitfensters realisieren.

Verbessert die Vorakklimatisation die Höhenanpassung?

Die Akklimatisation lässt sich schon vor der Abreise deutlich verbessern, wenn man unmittelbar zuvor große Höhen aufsucht. Es müssen nicht gleich der Mont Blanc oder die Margherita-Hütte im Monte Rosa Massiv sein, Höhen oberhalb von 2500 m sind auch schon hilfreich, allerdings gilt: je höher, desto größer der Akklimatisationsreiz und desto besser die Vorakklimatisation. Allerdings hält sie nur für etwa zehn Tage. Wenn der Zeitrahmen einer Expedition reichlich bemessen ist, bleibt auch während des Anstieges noch Zeit genug für eine ordentliche Akklimatisation.
Für einen »kleinen« Achttausender müssen mindestens sechs Wochen, für den Everest sieben bis acht Wochen und für Anstiege bis auf siebentausend Meter mindestens vier Wochen eingeplant werden. Nur dann kann man sich ausreichend an die Höhe anpassen und hat auch noch eine zweite Chance für einen Gipfelanstieg – sollte schlechtes Wetter einen ersten Versuch vereiteln. (s. auch Hypoxietraining)

Höhenkrankheiten und Gesundheitsrisiken

Die Höhenkrankheiten sind kein einheitliches Krankheitsbild, sie verlaufen fast immer harmlos, aber bei 1–2% der Höhenkranken entwickelt sich eine lebensbedrohende und nicht selten tödlich verlaufende Erkrankung, das Höhenhirn- und Höhenlungenödem.

Akute Bergkrankheit, jeder reagiert unterschiedlich

Huaraz, Peru, Akklimatisationstour zum Churup-See
Schon seit dem Aufwachen habe ich leichte Kopfschmerzen, der Puls ist deutlich erhöht, um etwa 30%, der Hals ist trocken und schmerzt. Jetzt hat der Kopfdruck weiter zugenommen. Kein Wunder, wir sind in zwei Tagen von Null auf inzwischen 4400 Meter angelangt.
Nach der Akklimatisationstour und nach ausgiebigem Trinken geht es mir wieder besser, und der Kopfdruck ist fast verschwunden.

Diese, bei 98–99% aller Höhenkranken auftretende milde Krankheitsform, die akute Bergkrankheit, entwickelt **sich 6–12 Stunden** nach Erreichen des Höhenziels. Während des zweiten und dritten Tages nehmen die Beschwerden an Stärke zu und bilden sich dann am vierten und fünften Tag wieder zurück, sofern man sich schont bzw. dem Körper die Möglichkeit der Anpassung gibt.
Jüngere Bergsteiger reagieren oft empfindlicher auf Sauerstoffmangel. Dieser führt in der Höhe zu einem verstärkten Blutfluss im Körper, zusätzlich nimmt auch die Durchlässigkeit der Gefäße zu. Im Gehirn verursachen verstärkte Durchblutung, Flüssigkeitsaustritt aus Gefäßen und Hirnschwellung Kopfdruck und Schmerzen.
Die Anpassung an die Höhe ist individuell unterschiedlich und betrifft vornehmlich die Fähigkeit, die Atmung möglichst rasch und effektiv der Höhe anzupassen. Denn wenn die Atemfrequenz erhöht und die Atemtiefe verstärkt werden und so das Atemluftvolumen vergrößert wird, kann die Sauerstoffknappheit am ehesten kompensiert werden.
Aber nicht bei jedem reagiert die Atmung so prompt und gut und deshalb leidet der eine mehr und der andere weniger unter Sauerstoffmangel und eingeschränkter körperlicher Leistungsfähigkeit. Deswegen muss man nicht zwangsläufig höhenkrank werden, man trägt aber grundsätzlich ein größeres Risiko hierfür. Auch viele Extrembergsteiger wurden

Linke Seite: Alpamayo, im Couloir der Vasco-Francesa Route

Margherita-Hütte

nicht mit dieser, am Berg so hilfreichen Fähigkeit ausgestattet, aber ernsthaft höhenkrank sind sie deshalb nie geworden. Dies vor allem nicht, weil neben der persönlichen Anfälligkeit noch andere, wichtige Faktoren entscheidend sind, nämlich die Aufstiegsgeschwindigkeit und die Höhendifferenz, die man täglich überwindet.

Weitere Beschwerden, neben Kopfschmerzen, sind eine allgemeine Müdigkeit und körperliche Schwäche, Appetitlosigkeit und Übelkeit. Im Rahmen der körperlichen Gegenreaktionen steigt der Puls und die Atmung verstärkt sich, mitunter bis zur Kurzatmigkeit. Der Schlaf ist gestört und am nächsten Morgen sind die Beschwerden stärker als am Tag zuvor, auch zeigt sich dann bei etwa jedem dritten Bergsteiger der erhöhte Flüssigkeitsaustritt in das Unterhautfettgewebe, oft von weitem schon erkennbar an den Schwellungen der Augenlider. Auch so mancher Ehering und Schuh sitzt jetzt strammer als zuvor.

Nach Ankunft auf der Mönchsjochhütte (3650 m) unweit des Jungfraujochs in den Berner Alpen klagt fast jeder zweite Ankömmling über einen Druck oder pochende Schmerzen über den Schläfen und am nächsten Morgen sind etwa 35% der Ankömmlinge höhenkrank. Auf der höchstgelegenen Hütte der Alpen, der am Gipfel der Signalkuppe stehenden Margherita-Hütte im Monte Rosa Massiv, 4559 m hoch, leidet fast jeder, der aus den Talregionen aufsteigt, unter starken

Kopfschmerzen. Nicht umsonst heißt die Capanna auch »Hütte des großen Kopfschmerzes«. Bei etwa 5 bis 10% derjenigen, die länger auf der Höhe bleiben, entwickelt sich innerhalb von 3–4 Tagen ein Höhenlungenödem. Auf Alpenhütten, die um 3000 m hoch liegen, werden 10% der Ankömmlinge höhenkrank.

Zeichen der akuten Bergkrankheit

- Kopfschmerzen
- Appetitlosigkeit
- Müdigkeit/Schwäche
- Übelkeit
- Schlafstörungen
- Lidschwellungen

Schnelle Höhenziele, Höhenkrankheit garantiert

Es gibt weltweit zahlreiche interessante Höhenziele, die Jahr für Jahr von Tausenden von Höhentouristen aufgesucht werden. Mit Seilbahnen, Alpinbahnen, mit Flugzeug und auf dem Landweg können innerhalb kurzer Zeit große Höhendifferenzen überwunden werden. Die wenigsten sind an die dünne Höhenluft angepasst, reisen unmittelbar aus Küstenregionen oder Tallagen an und riskieren zwangsläufig höhenkrank zu werden.

Potala, Lhasa

Hochgelegene Flugziele:

La Paz - Alto, Bolivien, 4100 m, 640 hPa. Das Stadtzentrum liegt zwar gut 400 Meter tiefer, aber trotzdem bleibt die Höhendifferenz gewaltig. Über die Hälfte der Touristen wird höhenkrank, einige bedürfen auch wegen eines Höhenlungenödems ärztlicher Behandlung.
Lhasa, Tibet, 3660m, 645 hPa. Höhenlage wie La Paz, ähnliches Höhenrisiko
Leh, Ladakh, Indien, 3515m, 665 hPa, etwas geringeres Höhenrisiko als in La Paz oder Lhasa

Seilbahnanfahrten in den Alpen

Aiguille du Midi, 3842 m, Frankreich Talstation Chamonix, 1040 m, Bergstation 3790 m (Höhendifferenz 2750 m),
Kleines Matterhorn, 3883 m, Wallis, Schweiz, Talstation Zermatt, 1600 m, Bergstation 3820 m, mit Gipfellift und zu Fuß, bzw. mit Ski zum Gipfel (Höhendifferenz 2283 m),
Allalinhorn, 4027 m, Wallis, Schweiz Talstation Saas Fee, 1800 m, Bergstation (Metro-Alpin) Mittelallalin, 3454 m, dann noch etwa 575 Höhenmeter bis zum Gipfel (Höhendifferenz 2227 m).
Jungfrau, 4158 m und Mönch, 4099 m, Berner Alpen, Schweiz Talstation Grindelwald, 1050 m, Bergstation (Jungfraubahn) Jungfraujoch, 3454 m, bzw. Mönchsjochhütte, 3650 m (Höhendifferenz 2600 m), dann noch 450 bzw. 500 Höhenmeter zu den Gipfeln
Margherita-Hütte, 4559 m, Monte Rosa Massiv, Italien
Wer in kürzester Zeit mit der Seilbahn von Alagna (1212 m) zur Punta Indren (3260 m) und dann via Gnifettihütte noch am gleichen Tag auf die höchstgelegene Hütte der Alpen stürmt (Höhendifferenz 3344 m!) wird zwangsläufig höhenkrank, riskiert ein Höhenhirn- und Höhenlungenödem.

Info!

Wer mit Seil- und Bergbahnen hohe Ziele ansteuert, muss trotz großem und raschem Höhensprung nicht höhenkrank werden. Wer nur die Aussicht genießt und nach einigen Stunden wieder hinunterfährt, wird zwar kurzatmig, aber nicht höhenkrank, weil er, bevor sich die Beschwerden einstellen können, die Höhe bereits wieder verlassen hat.

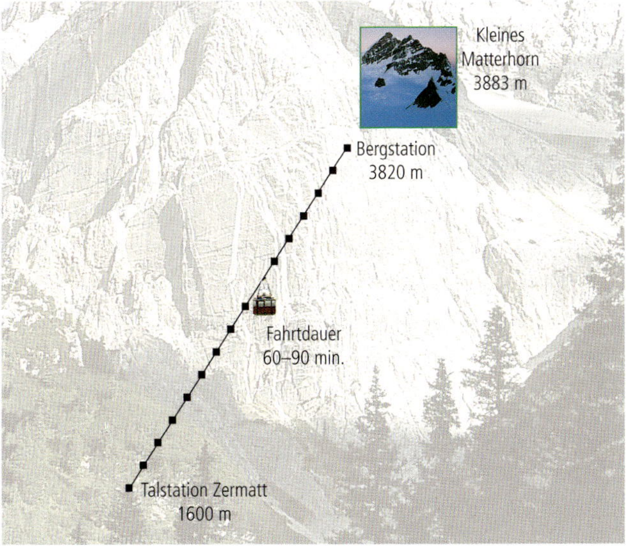

Bei 30 – 40% all derer, die aber in Hütten in Nähe der Bergstationen nächtigen bzw. länger als 6–12 Stunden in der Höhe verbleiben, entwickelt sich eine akute Bergkrankheit, die in etwa 1–2% lebensbedrohend werden kann. Trotzdem bleibt eine Dunkelziffer, denn die, die mit beginnenden Beschwerden sofort absteigen oder mit der Bahn abfahren, werden von der Statistik nicht erfasst.

Auf dem Landweg

Jeep-Reise von Lhasa, Tibet, 3660 m, zum Everest Basislager auf der tibetischen Nordseite, 5300 m. Wer sich 3–4 Tage in Lhasa akklimatisiert und sich für die Anreise weitere 3–4 Tage Zeit lässt, senkt das Risiko höhenkrank zu werden beträchtlich. Touristen mit Zeitdruck, die auch noch mehrere Stunden auf Basislagerhöhe bleiben oder gar nächtigen, werden zu über 80% höhenkrank. Bei lebensbedrohenden und behandlungsbedürftigen Verlaufsformen (Höhenhirnödem, Höhenlungenödem) ist keine organisierte Hilfe oder Rettung zu erwarten, weil es eine solche nicht gibt und auch ein rascher Rückzug in tiefergelegene Gebiete ist kaum möglich.

Everest Basislager auf der tibetischen Nordseite

Everest Nordseite, Basislager, 5300 m

Um die Mittagszeit fahren 7 Allradjeeps im Basislager vor und parken in der Nähe unserer Zelte. Kameras werden auf Stative geschraubt, man fotografiert sich vor dem Berg der Berge, dann schwärmen alle auf dem weitläufigen Gelände des Lagers aus. Gegen 19 Uhr, als es schon dunkel ist, stellt sich heraus, dass drei Leute noch fehlen. Zuletzt hatte man sie auf der Stirnmoräne gesehen. Meine Befürchtung war, dass sie möglicherweise auf dem inzwischen dünnen Eis eines Schmelzwassertümpels eingebrochen und nun unterkühlt sein könnten. Aber es sollte ganz anders kommen. Zunächst hört man Rufe, dann sieht man im Scheinwerferlicht drei Gestalten die Stirnmoräne herunterkommen, die in der Mitte wird gestützt, kann kaum noch gehen. Auf der Rückbank des Jeeps fällt der Chinese augenblicklich in sich zusammen, scheint nicht mehr ansprechbar. Wenig später stoppt der Jeep neben unseren Zelten. Der junge Mann, der völlig teilnahmslos zusammengekauert auf der Rückbank liegt, ist zwar noch nicht vollständig bewusstlos, aber nicht mehr weit davon entfernt. Er ist kaum ansprechbar, reagiert aber noch auf Schmerzreize. Die Pulsoxymetrie bestätigt meinen ersten Verdacht: Höhenhirnödem. Die Sauerstoffsättigung im Blut beträgt gerade noch 42%, der Puls geht schnell,

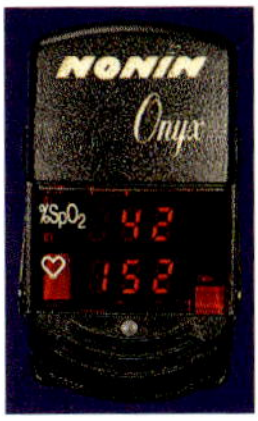

über 150 Schläge/Min. Ich dirigiere den Jeep zum Lageroffizier und lasse sofort Sauerstoff bringen. Nach wenigen Minuten kommt Bewegung in den jungen Mann, zunächst will er sich die Maske vom Gesicht reißen, dann öffnet er die Augen, gibt wieder vernünftige Antworten und kann sogar wieder über Witze lachen. Jetzt gebe ich ihm zusätzlich noch Dexamethason um die Hirnschwellung zu verringern. Er fasst sich ständig an den Kopf, klagt über starke Kopfschmerzen. Wir sind alle erleichtert über die glückliche Wendung.
Vor zwei Tagen war die Belegschaft eines Betriebs einschließlich Chef aus Foshan, nahe Kanton, in Lhasa eingetroffen. Dort hatte man die Jeeps gemietet und war bereits nach nur einer Zwischenübernachtung in Shigatse am Fuß des Everest angelangt, viel zu rasch um sich an die Höhe zu gewöhnen. Während die meisten unter Kopfschmerzen litten, hatte es den 28-Jährigen hingegen voll erwischt. Nun sitzt er wieder scheinbar normal auf der Rückbank, den Sauerstofffluss habe ich inzwischen auf 2 Liter/Min. reduziert, die Sättigung liegt über 95%. Aber, und das versuche ich allen klar zu machen, die Gefahr ist noch nicht vorüber. Der junge Mann muss sofort tiefer gebracht werden, am besten nach Shegar und zwar mit permanenter Sauerstoffgabe….

Auch in den Anden können Hochlagen mit Jeeps kurzfristig erreicht werden. Diese sind allerdings selten so abgeschieden wie Höhenziele im tibetischen Hochland und rasche Abstiege sind eher möglich.

Lebensbedrohende Höhenödeme

Sie entwickeln sich, wie die akute Bergkrankheit, bei schnellen Aufstiegen bzw. Höhenexpositionen im Gehirn (Höhenhirnödem) und in der Lunge (Höhenlungenödem) und weisen vermutlich die gleichen zugrunde liegenden krankhaften Mechanismen auf. Im Gegensatz zur akuten Bergkrankheit bilden sie sich jedoch nicht mehr spontan zurück, sondern entwickeln sich rasch zu einer lebensbedrohenden Erkrankung weiter.

Höhenhirnödem, oder wenn Kopfschmerzmittel nicht mehr wirken Spätestens, wenn Kopfschmerzmittel keine Wirkung mehr zeigen oder wenn Gleichgewichtsstörungen und Schwindel auftreten zeichnet sich der Übergang von der harmlosen akuten Bergkrankheit in eine lebensbedrohende Hirnschwellung, das Höhenhirnödem, ab.

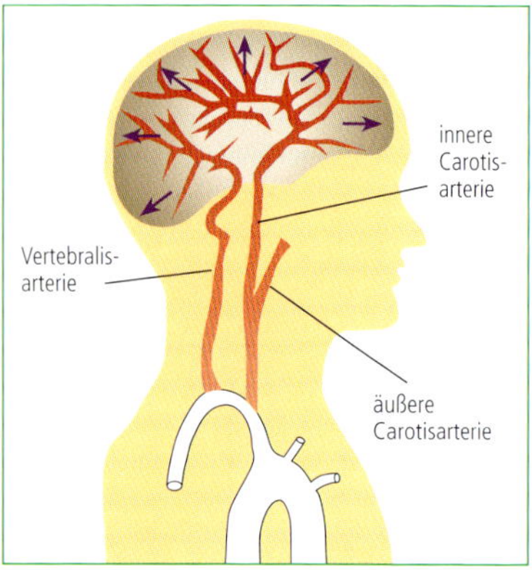

Höhenhirnödem: Verstärkte Durchblutung und Hirnschwellung erzeugen einen zunehmenden Druck im Schädel.

Im Verlauf dieser Entwicklung verlieren die Betroffenen immer mehr die Kontrolle über ihren Körper und sich selbst und sind verwirrt. Gangstörungen, Schwindelzustände, Halluzinationen und vernunftwidriges Handeln sind weitere charakteristische Hinweise für ein Höhenhirnödem.

Cho Oyu, Gipfellager, 7450 m

Seit längerer Zeit schon beobachten wir ein Knäuel von Bergsteigern in dem felsig durchsetzten Gelände oberhalb des Gelben Bandes, das kaum vorwärts zu kommen scheint. Jetzt löst sich aus diesem Knäuel eine Gestalt und kommt atemlos und gestikulierend auf uns zu. Es ist Martha, die Anstrengungen des Tages stehen ihr ins Gesicht geschrieben. »Karl« ruft sie kurz-

Cho Oyu, tibetische Nordwestflanke

atmig, »Karl hat Probleme!« Ich schnappe mir unsere Notfall-Sauerstoff-Flasche, quäle mich Schritt für Schritt hoch. Karl ist apathisch und leidet an einem Höhenhirnödem, Axel, der zweite Expeditionsarzt, hat ihm bereits Dexamethason gespritzt, trotzdem wirkt er körperlich und mental weiterhin stark angeschlagen. Wir legen ihm die Sauerstoffmaske an und führen in nach unten ins Lager. Nima Sherpa kommt uns mit warmem Tee entgegen.

Karl ist unruhig, er bleibt nicht sitzen, ständig reißt er sich die Atemmaske herunter, steht auf und irrt zwischen den Zelten hin und her auf der Suche nach irgendwelchen imaginären Gegenständen. Keine Frage, Karl ist weiterhin in Lebensgefahr und muss rasch weiter nach unten gebracht werden.

Everest Nordseite, Rongbuk Kloster, 5000 m

Das kleine tibetische Gästehaus gegenüber dem Rongbuk Kloster, 5000 m hoch und mit exzellentem Blick auf den Mount Everest, ist ein beliebter Anlaufpunkt für Touristen, die mit Jeeps und Bussen anreisen. In den vergangenen zwei Tagen habe ich viele Touristen beobachtet, die still und teilnahmslos in einer Ecke saßen und kaum ansprechbar waren, andere hielten sich den Kopf in Händen, alle zeigten Zeichen einer Höhenkrankheit. Fast alle waren über Lhasa angereist und hatten sich zwar schon teilweise akklimatisiert, allerdings der letzte Höhensprung auf 5000 m wurde nur von den wenigsten ohne spür- und sichtbare Zeichen bewältigt. Heute aber fällt mir ein knapp 30-jähriger Chinese auf, der eine auffällige Gangunsicherheit zeigt. Er torkelt immer wieder durch den Gastraum, alle Bewegungen scheinen ungerichtet und zufällig, mal setzt er sich da, mal dort hin und ständig verschüttet er seinen Tee. Niemand scheint beunruhigt oder erkennt in seinem Zustand etwas Besorgnis erregendes. Kein Zweifel, der junge Mann ist schwer höhenkrank. Er bietet deutliche Zeichen eines Höhenhirnödems. Schließlich messe ich seine

Messung zur Früherkennung des Höhenhirnödems

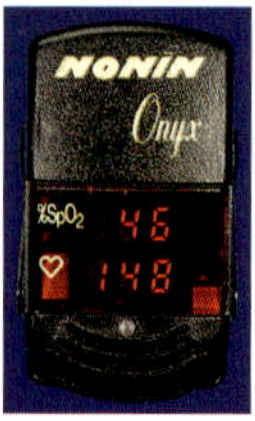

Sauerstoffsättigung: Nur 46% und der Puls knapp unter 150/Min.! Als erstes versuche ich ihn über die Ernsthaftigkeit seiner Situation aufzuklären, aber er scheint nicht verstehen zu wollen, obwohl sein Englisch ausreichend für die Konversation ist. Aber das ist bekannt, die Betroffenen realisieren nicht den Ernst der Situation, zumindest nicht in allerletzter Konsequenz. Ich gebe ihm Dexamethason und verschaffe ihm einen kleinen Zeitvorteil. Dann organisiere ich einen Transport in das etwa 1000 m tiefer liegende Tingri.

Everest Nordseite, Basislager, 5300 m
Eine 56-jährige, sportlich aktive Trekkerin, die unsere Expeditionsgruppe begleitet ist nach der Ankunft im Basislager auffallend ruhig. Den ganzen Nachmittag über schon war ihr kalt und übel und sie fühlte sich schwach. Die Beschwerden erklärt sie mit einer Verschlechterung ihrer Erkältung. Beim Abendessen lässt sie ihr Essen stehen. Obwohl nichts auf eine lebensbedrohende Höhenkrankheit hinweist, überrede ich sie zu einer Messung der Sauerstoffsättigung. Diese zeigt einen dramatischen Abfall. Nur noch 52%!

Bei einem derart niedrigen Wert besteht sofortiger Handlungsbedarf. Nachdem die Trekkerin ohnehin am nächsten Morgen die Rückreise nach Kathmandu antreten will, entscheide ich mich für die Sauerstoffgabe. Bereits bei den ersten Atemzügen vollzieht sich eine wundersame Wandlung. Die Sauerstoffsättigung steigt über 90% und die Beschwerden sind wie weggeblasen. Der Puls sinkt von über 110 auf unter 90/Min. und Füße und Hände, eben noch eiskalt, werden warm. Mit einem Sauerstofffluss von nur 0,5 Liter/Min. verbringt sie eine ruhige und angenehme Nacht. Um 4:45 Uhr steht der Jeep zum Abtransport nach Zhangmu an der nepalesischen Grenze bereit. Später erzählt sie mir, dass sie damals beim Abendessen »so komisch gesehen habe, alle runden Gegenstände seien kantig und viel größer gewesen«.

Einzelfälle? Sicher nicht! Die Dunkelziffer ist hoch, vor allem an der Nordseite des Himalaya wo Jeeps und Lkw oft bis in die über 5000 m hoch gelegenen Basislager fahren.
Ohne Behandlung führt das Höhenhirnödem bereits nach

wenigen Stunden zum Tod, spätestens jedoch innerhalb von 48 Stunden. Auch eine rasch einsetzende Behandlung ist keine sichere Gewähr mehr für ein Überleben.

Zeichen eines Höhenhirnödems

- gestörte Koordination von Bewegungsabläufen, zeigen sich oft als Gangstörungen (Strichgang nicht möglich) oder im Unvermögen Gegenstände sicher in den Händen zu halten (Getränke werden verschüttet)
- Zunahme von Kopfschmerzen trotz Einnahme von Kopfschmerzmittel
- Übelkeit mit Erbrechen
- Halluzinationen
- vernunftwidriges Verhalten
- im fortgeschrittenen Stadium weitere Hirndruckzeichen (zunehmende Bewusstseinsstörung, Pupillenerweiterung, Krämpfe, Abfall der Herzfrequenz unter 50 Herzschläge/ Min., Blutdruckabfall, Temperaturanstieg, Arm- und Beinlähmungen, Atemlähmung)

Höhenlungenödem, Kurzatmigkeit bis zum Ersticken Außer im Gehirn kann sich auch in der Lunge eine gleichermaßen lebensbedrohende Höhenerkrankung entwickeln, das Höhenlungenödem. Es tritt etwa doppelt so häufig auf wie das Höhenhirnödem, kann sich entweder völlig unabhängig oder auch mit diesem und der akuten Bergkrankheit entwickeln.

Aufwändige Rettungsaktion im Khumbu-Eisbruch am Everest

Info!

Das Höhenlungenödem entwickelt sich oft zwei bis vier Tage nach Überschreiten der Schwellenhöhe von 2500 Metern und am häufigsten, zu etwa 70%, in Höhen zwischen 3000 und 4500 Metern, also in Hochtourenhöhe der Alpen und immer dann, wenn zu rasch aufgestiegen wird.

Beim Höhenlungenödem sammelt sich Flüssigkeit in den Lungenbläschen.

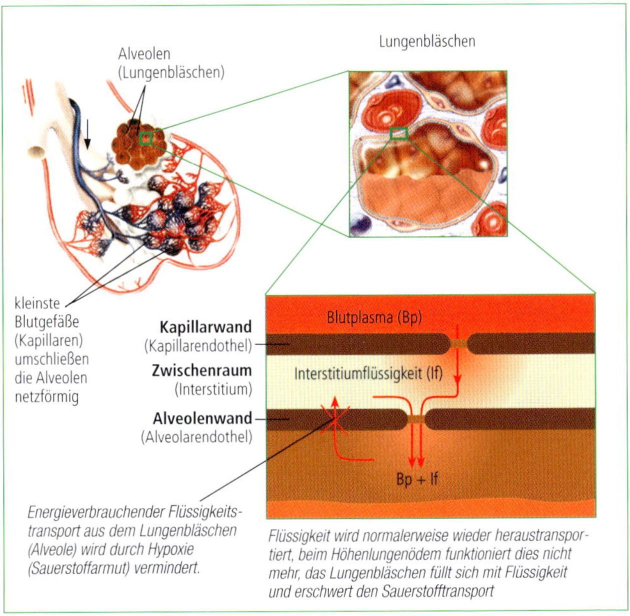

Mit zunehmender Höhe steigt der Druck im Lungenkreislauf. Unter Normalbedingungen liegt er zwischen 10 und 15 mm Hg. Anstiege bis auf das Doppelte sind nicht ungewöhnlich, insbesondere nicht bei denen, die sich zum ersten Mal in großen und extremen Höhenbereichen aufhalten. Bei Bergsteigern mit Höhenlungenödem wurden sogar Anstiege bis auf etwa 60 mm Hg gemessen. Deswegen war man lange Zeit der Auffassung, dass ausschließlich über druckbedingte Lecks in den kleinsten Lungengefäßen Blutplasma und Blutzellen in die Lungenbläschen gepresst würden. Wie neuere Untersuchungen jedoch zeigen, ist bei anfälligen Personen auch der Transport von Flüssigkeit aus den Lungenbläschen unter Sauerstoffmangel gestört. Interstitiumflüssigkeit, die ständig durch die dünne Bläschenwand in die Lungenbläschen eindringt oder Blut, das durch Lecks hinein gelangt, muss ständig über ein energieverbrauchendes Pumpsystem wieder hinaus befördert werden, weil sonst der Gasaustausch gestört würde.

Für die Auslösung des Höhenlungenödems oft entscheidend ist der weitere Abfall der Sauerstoffsättigung im Schlaf. Der erhöhte Einstrom von Flüssigkeit in die Lungenbläschen verstärkt die in der Höhe ohnehin bestehende Luftknappheit dramatisch. Die Betroffen richten sich dann spontan auf und ringen nach Luft. Und weil das Blut immer schlechter mit Sauerstoff beladen wird, färben sich bald Haut und Lippen blau. Die Flüssigkeit in den Lungenbläschen brodelt bei jedem Atemzug, das blasige Rasseln kann bereits mit aufgelegtem Ohr über dem Rücken gehört werden. Und spätestens wenn blutig-schaumiger Auswurf hoch gehustet wird ist auch für den Laien das Höhenlungenödem erkennbar. Entwickelt sich das Höhenlungenödem im Aufstieg, macht es sich durch einen auffälligen Leistungsknick bemerkbar. Den Betroffen fällt das Steigen immer schwerer, ständig müssen sie rasten und nach Luft schnappen. Später verschwindet die Atemnot auch nicht mehr beim Rasten. Gleichzeitig verstärkt sich der Husten und mit jedem Hustenstoß gelangt bluthaltiger Schaum in den Mund und auf die Lippen.

Everest Trek, Pheriche, 4250 m
Als wir im Oktober 2002 auf dem Weg nach Pheriche waren kam uns ein Tross entgegen. Angeführt wurde er von einem Sherpa der ein Pferd am Zügel führte. Auf dem Pferd saß ein auffällig blasser und kurzatmiger Mann mittleren Alters. Der

Pheriche, Everest Trek

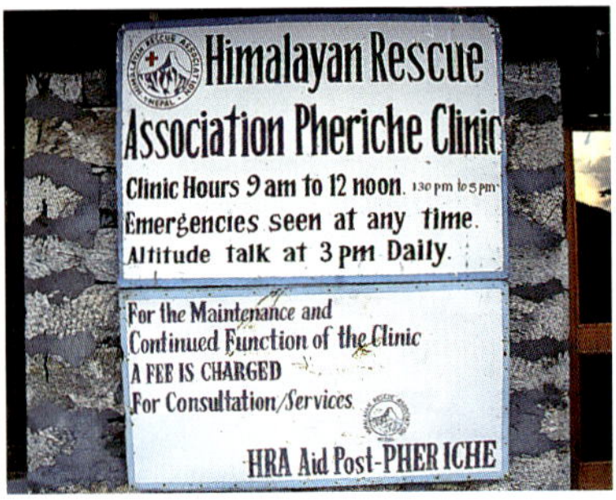

Everest-Trek, Pheriche, HRA-Klinik

Mann auf dem Pferd stellte sich als US-Amerikaner vor, der nach Ankunft in Pheriche eine zunehmende Kurzatmigkeit bemerkte und deshalb die Erste Hilfe Station der HRA (Himalayan Rescue Association) aufsuchte. Dort stellte man ein beginnendes Höhenlungenödem fest. Man gab ihm Nifedipin, ein drucksenkendes Mittel, und organisierte, weil es noch früh am Tag war, einen Transport auf dem Pferderücken hinunter nach Tengboche. Eine Rettungsaktion, die sicher kostengünstiger war. Nur, nicht immer ist der zeitliche Spielraum so groß. Manchmal ist das Höhenödem soweit fortgeschritten, dass letztlich nur noch ein sofortiger Hubschraubertransport 3000 Meter tiefer nach Kathmandu hilft.

Zeichen eines Höhenlungenödems

- schneller Leistungsabfall (Leistungsknick)
- Kurzatmigkeit in Ruhe, bzw. beim Rasten
- beschleunigte Atmung
- schneller Puls
- Blaufärbung von Haut und Lippen infolge Sauerstoff-Untersättigung des Blutes
- Husten, anfänglich trocken, später mit blutig-schaumigem Auswurf
- Rasselgeräusche beim Atmen

Höhenkrankheiten richtig behandeln

Da die Höhenkrankheiten ihre Ursache alle im Sauerstoffmangel der Höhenluft haben, ist die Behandlung auf dessen Beseitigung ausgerichtet.
Bei der akuten Bergkrankheit muss man dem Körper nur die Zeit zur Anpassung geben, die Einlage eines Ruhetages reicht oft aus.

Ruhetag im Basislager

Störende Kopfschmerzen lassen sich gut mit Ibuprofen beseitigen. Da das Mittel bei empfindlicher Magenschleimhaut eher nicht genommen werden sollte, empfiehlt sich vorab eine Beratung durch den Hausarzt.
Wenn sich die Beschwerden trotz Ruhetag und körperlicher Schonung weiter verschlechtern, muss wieder auf die nächst tiefere Schlafhöhe abgestiegen werden, auf der zuvor Beschwerdefreiheit bestand.
Bei schwereren Verlaufsformen und den Höhenödemen können die Beseitigung des Sauerstoffmangels und dessen Folgen auf unterschiedliche Weise erfolgen. Am schnellsten wirksam ist die Gabe von Notfallsauerstoff in die Atemluft. Begleitet werden muss diese Erstmaßnahme aber immer durch einen Abstieg oder Abtransport in niedrigere Höhen. Darüber hinaus kann die Hirnschwellung mit Dexamethason und Diamox deutlich vermindert werden. Bei dem Höhenlungenödem ist Dexamethason allerdings nicht wirksam, jedoch Nifedipin in Retardform. Bei retardiertem Nifedipin wird der Wirkstoff verzögert, also über einen längeren Zeitraum, im Körper freigesetzt. Nifedipin senkt den Druck auch im großen Kreislauf, nur dort aber weniger stark und unterbindet vor allem den Austritt von Blutflüssigkeit in die Lunge. Wenn ein rascher Abtransport nicht möglich ist und kein Sauerstoff zur Verfügung steht, kann die Behandlung in einem Über-

Überdrucksack (Certec Bag). Üben für den Notfall

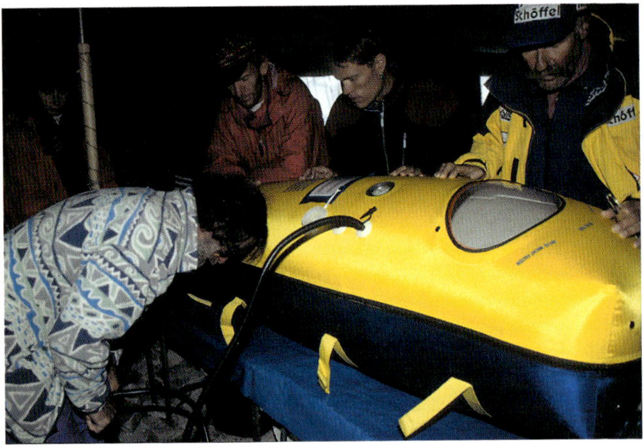

drucksack lebensrettend sein. Vor allem über Nacht, solange keine Transportmöglichkeit besteht, kann ein Bergsteiger mit Höhenödem sofort in der komprimierten Luft auf eine simulierte Höhe gebracht werden, die bis zu 3000 m niedriger ist.

Allerdings erfordert diese Notfallmaßnahme körperlichen Einsatz, bzw. ein regelmäßiges Pumpen. Jenseits von 7000 m ist deshalb ein Einsatz des Überdrucksackes auch illusorisch.

Behandlung der akuten Bergkrankheit

- Ruhetag
- körperliche Schonung
- bei Verschlechterung: Abstieg bis auf letzte Schlafhöhe auf der Beschwerdefreiheit bestand, jedoch mindestens 500 Hm.
- Wenn Abstieg nicht möglich bzw. hierzu ein Zwischenanstieg erforderlich, zur Vermeidung des Fortschreitens in ein Höhenhirnödem vorsorglich Dexamethason: 1 Tablette (4 Milligramm), alle sechs Stunden wiederholen bis Zwischenabstieg beendet.
- bei störenden Kopfschmerzen: Ibuprofen

Behandlung des Höhenhirnödems

- Sauerstoffgabe: initial maximaler Fluss, später kann der Fluss wieder reduziert werden, je nach Anstieg der Sauerstoffsättigung. Mittels Pulsoxymetrie kontrollieren! Sättigung sollte ca. 95% betragen
- Dexamethason: initial 8 Milligramm, am besten intravenös (geschulte Person) oder intramuskulär, dann alle sechs Stunden 1 Tablette (4 Milligramm)
- Acetazolamid (Diamox), 250 mg alle 8 Stunden, zusätzlich reichlich Flüssigkeitszufuhr
- Rascher Abstieg bzw. Abtransport um mindestens 1000 Hm, bzw. vorübergehende Behandlung im Überdrucksack
- Oberkörper hoch lagern
- Kälteschutz

Luftrettung

Behandlung des Höhenlungenödems

- Sauerstoffgabe: initial maximaler Fluss, später kann der Fluss reduziert werden, je nach Anstieg der Sauerstoffsättigung. Mittels Pulsoxymetrie kontrollieren! Sättigung sollte ca. 95% betragen.
- Nifedipin retard: initial 20 Milligramm, dann in Abhängigkeit der Beschwerden alle sechs Stunden eine weitere Tablette
- Rascher Abstieg bzw. Abtransport um mindestens 1000 Hm bzw. vorübergehende Behandlung im Überdrucksack
- Oberkörper hochlagern, wenn möglich: sitzende Position
- Kälteschutz

Einmal höhenkrank, immer wieder höhenkrank?

Wer einmal ein Höhenhirn- oder ein Höhenlungenödem entwickelt hat, trägt ein hohes Risiko beim nächsten Höhenaufenthalt wiederum höhenkrank zu werden. Bergsteiger mit einer erhöhten Anfälligkeit können aber unter Beachtung gewisser Kriterien noch beschwerdefrei bis auf 7000 m aufsteigen. Sie müssen besonders langsam aufsteigen, durchschnittlich nur etwa 350 Höhenmeter pro Tag und nach vorheriger Abklärung und Absprache mit einem **höhenmedizinisch geschulten Arzt** eine medikamentöse Vorbeugung betreiben.

Höhentaktik oder wie kann ich den Höhenkrankheiten vorbeugen

Info!

Die wichtigste höhentaktische Regel, gegen die immer wieder verstoßen wird, fordert, nicht zu schnell zu hoch zu steigen, um dem Körper ausreichend Zeit für die Anpassung zu geben.

Vor allem passive Berganstiege sind nicht unproblematisch, weil große Höhenlagen relativ rasch mit Bahnen und Jeep erreicht werden können. Umso wichtiger ist es bei der Anreise Ruhetage einzulegen und mit aktiven Anstiegen die Akklimatisation zu fördern. Aber auch später am Berg wird diesbezüglich viel gesündigt. Erfahrungsgemäß bestimmt oft der Stärkste einer Gruppe das Gehtempo und kaum einer möch-

Cho Oyu, Chinese Base Camp

Cho Oyu, im Eisbruch, Aufstieg zum Hochlager II

te zugeben, dass das Tempo außerhalb seines Komfortbereiches liegt. Stattdessen hetzt man hinterher, treibt den Ersten möglicherweise zu noch größerer Eile und ist nur bedacht eine gute Leistung zu bieten, um sich als sicherer Gipfelanwärter im Gespräch zu halten.
Nicht wenigen ist diese falsche Taktik allerdings schon zum Verhängnis geworden. Nicht nur, dass sie höhenkrank werden, oft ziehen sie sich auch eine Entzündung der oberen Atemwege zu, die in der trockenen Höhenluft nie mehr richtig ausheilt und sich unter körperlicher Belastung immer weiter verstärkt.

Info!

Die schlechte Höhenanpassung und deren gesundheitlichen Probleme rangieren denn auch nach schlechtem Wetter an zweiter Stelle der Gründe, die zum Scheitern eines Höhentrekkings oder einer Expedition führen.

Aerob – Anaerob

Aerob (von lat. Aer = Luft) bezeichnet Vorgänge, die Sauerstoff benötigen. Im Gegensatz hierzu bezeichnet der Begriff anaerob Vorgänge, die unter Sauerstoffabschluss bzw. Sauerstoffmangel ablaufen.
Für die Energiebereitstellung in der Muskulatur bedeutet dies, dass diese sowohl aerob als auch anaerob sein kann. Reicht in Abhängigkeit vom Belastungsgrad die Sauerstoffversorgung, dann erfolgt die Bereitstellung der Energie stets aerob. Mit zunehmendem Sauerstoffmangel bei erhöhter Belastung und schlechtem Trainingszustand wird die muskuläre Energie zusätzlich anaerob bereitgestellt. Hierbei entsteht das leistungsbegrenzende Laktat (Salz der Milchsäure). Ausdauerbelastungen sind nur mit aerober Energiebereitstellung möglich.

Tipp!

Es ist absolut kontraproduktiv, während der Akklimatisation seine gute Kondition unter Beweis stellen zu wollen. Wer seine Chancen wahren will, wählt ein gemächlicheres Aufstiegstempo und lässt sich Zeit für die Anpassung.
Man sollte ein Gehtempo wählen, bei dem man sich noch wohl fühlt und nicht außer Atem gerät. Es entspricht einer Belastung im aeroben Bereich.

Wichtige höhentaktische Regeln

1. **Steige nicht zu schnell zu hoch!** Verbringe einige Nächte auf 2500 bis 3000 m und steigere dann jenseits dieser Höhe die Schlafhöhe um nicht mehr als 300–600 Hm täglich. Lege bei höheren Tagesetappen einen zusätzlichen Ruhetag ein.
2. **Steige höher als die Schlafhöhe!** Steige nach Ankunft am Schlafplatz und kurzer Rast ohne Gepäck langsam weitere 100–200 Höhenmeter auf, dies fördert die Akklimatisation.
3. **Achte auf den Puls!** Belaste dich während der Akklimatisation nur aerob, d. h. mit einem Puls von maximal 140 Schlägen pro Minute. Wenn der morgendliche Ruhepuls etwa 20% höher als zu Hause ist und gleichzeitig Kopfschmerzen bestehen nicht weiter aufsteigen.
4. **Steige rechtzeitig ab!** Steige bei den ersten Zeichen einer schweren Höhenkrankheit sofort ab bzw. organisiere einen Abtransport.
5. **Achte auf deinen Partner!** Oft werden Anpassungsprobleme ignoriert, wird ein beginnendes Höhenhirnödem oder Höhenlungenödem nicht rechtzeitig erkannt. Im Zweifelsfall frühzeitig Sauerstoffsättigung messen!
6. **Steige nur auf bei guter Gesundheit!** Steige bei Infektionen der Atemwege und Durchfallerkrankungen nicht weiter auf, denn je dünner die Luft, umso schlechter die Ausheilungschancen, darüber hinaus erhöht sich das Risiko höhenkrank zu werden.
7. **Höre nie auf zu trinken!** Trinke mindestens 2–3 Liter (nichtalkoholische) Getränke, die tägliche Urinmenge sollte mindestens 1 Liter betragen.
8. **Bleibe nicht zu lang in extremer Höhe!** Jenseits von 5500 m verliert man in Folge des abnehmenden Sauerstoffgehalts in der Luft trotz ausreichender Verpflegung ständig an Gewicht und Leistungsvermögen (Höhendeterioration). Beträgt die Überlebenszeit auf etwa 6000 m noch viele Wochen, so ist sie jenseits von 8000 m bereits auf etwa 48 Stunden verkürzt!

Ab der Schwellenhöhe von 2500 m sollten die täglichen Schlafhöhendifferenzen idealerweise nicht mehr als 500–600 Höhenmeter betragen, noch besser verträglich sind kleinere Höhendifferenzen zwischen 300 und 400 Meter.
Muss man aus Geländegründen einmal über diese empfohlenen Differenzen hinausgehen, sollte man in jedem Fall eine zweite Nacht auf der neu erreichten Schlafhöhe verbringen.

Höhenkrankheiten mit Medikamenten vorbeugen?

Huaraz, Peru, 3050m
Zur Begrüßung und ersten Akklimatisation gibt es einen Mate de Coca-Tee. Der Coca-Anbau hat in Peru eine lange Tradition. Bereits den Bergläufern, die im alten Inkareich Nachrichten transportierten, sagte man nach, dass sie sich mit Coca-Blättern berauschten und so die körperlichen Strapazen der langen und steilen Wege leichter erduldeten. Vielleicht stammt auch aus dieser Zeit der Glaube, dass Coca die Akklimatisation unterstützt.
Es gibt Leute, die schwören auf die Wirkung des Tees und behaupten, er würde die Akklimatisation beschleunigen, was bislang allerdings noch nicht bewiesen ist.

Alpamayo, Hochlager

Eine Tasse Tee enthält weniger als 10 mg Kokain, eine Menge, die vergleichbar stimulierend wirkt wie Kaffee. Aber nicht nur die Höhe sondern auch der übermäßige Genuss des Coca-Tees kann schuld daran sein, wenn man nachts schlecht schläft.

Info!

Grundsätzlich ist eine medikamentöse Unterstützung der Akklimatisation nicht erforderlich!

Sinnvoll kann sie jedoch sein, wenn große Höhendifferenzen kurzfristig überwunden werden müssen und der maximale Höhenaufenthalt hierbei länger als 6 Stunden beträgt oder wenn eine erhöhte Anfälligkeit für Höhenkrankheiten besteht und deren Entwicklung vorgebeugt werden soll. Dann kann zu einer Prophylaxe mit Acetazolamid (Diamox) geraten werden.

Höhenmedizinisches Laborzelt »Audimont«

Bei einer erhöhten Anfälligkeit für das Höhenlungenödem und bei Aufstiegsgeschwindigkeiten von über durchschnittlich 350 Höhenmeter pro Tag empfiehlt sich nach Rücksprache mit dem betreuenden Arzt eine Prophylaxe mit Nifedipin, bei entsprechender Anfälligkeit für das Höhenhirnödem eine kurzfristige Prophylaxe mit Dexamethason. Art, Umfang und Risiken der medikamentösen Vorbeugung mit Nifedipin und Dexamethason und alle weiteren Verhaltensmaßnahmen müssen unbedingt mit einem erfahrenen Höhenmediziner vorab besprochen werden, insbesondere auch wegen möglicher Nebenwirkungen.

Auch Sildenafil, eher bekannt unter dem Handelsnamen Viagra, oder das um Stunden länger wirksame Tadalafil (Cialis) das ebenfalls zur Steigerung der männlichen Potenz eingesetzt wird, senkt, wie jüngste Untersuchungen gezeigt haben, den Druck im Lungenkreislauf. Ob die sogenannten Potenzmittel tatsächlich einmal auch zur Senkung eines erhöhten Lungendrucks eingesetzt werden, ist noch offen, weitere Untersuchungen sind hierzu erforderlich.

Acetazolamid (Diamox) Das harntreibende Acetazolamid

entwässert und vermindert die Hirnschwellung während der Anpassungsvorgänge in der Höhe. Ferner erhöht es die Bikarbonat-Ausscheidung über die Nieren und erniedrigt so den Blutsäurewert. Hierdurch werden die Atmung und die Sauerstoffsättigung im Blut verbessert mit positiven Auswirkungen auf Kopfschmerzen und Schlaf. Bei einer Sulfonamidallergie allerdings sollte man lieber auf das Mittel verzichten.
Mit der Einnahme sollte man bereits 24–48 Stunden vor dem Aufstieg beginnen und diese bis zu 2 Tagen nach Erreichen der Zielhöhe weiterführen. Zu empfehlen ist eine Tagesdosis von 500 mg, verteilt auf zwei Einzeldosen von je 250 mg morgens und abends. An Nebenwirkungen können Missempfindungen und Kribbeln in Finger und Zehen und ein schwefelartiger Geschmack im Mund auftreten. Auch Bier schmeckt dann leider so. Am lästigsten aber ist, dass man mehrmals in der Nacht aus dem Zelt muss um die Blase zu leeren.

Sehstörungen in der Höhe

Im Rahmen der ungebrochenen Rekordsucht hat inzwischen auch ein Blinder den Everest bereits bestiegen, hierzu hat er sich sozusagen die Augen eines ständigen Begleiters ausgeliehen, denn ohne Augen und gute Sicht ist Bergsteigen nicht möglich.

Augenschäden durch UV-Strahlung

Schneeblindheit Ein Bergsteiger, der ständig über den Rand seiner Brille schaut, weil diese beschlagen oder mit einer Eisschicht bedeckt ist, handelt grob fahrlässig, denn er nimmt in Kauf, dass er diese einzige Orientierungsmöglichkeit verliert.
Wenn bereits im Abstieg die Sehkraft immer mehr nachlässt und der Tritt immer zaghafter gesetzt werden muss, weil der Boden immer mehr verschwimmt, dann wird die

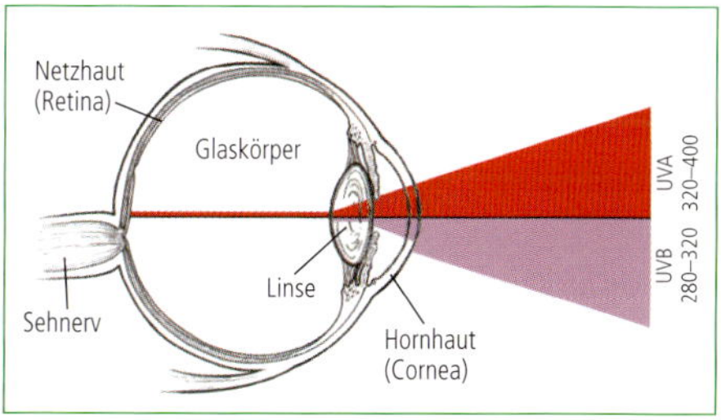

Gasherbrum I, Gerlinde Kaltenbrunner und Ralf Dumjovits am Ziel

Sache kompliziert, denn ohne Sicht ist auch ein unkomplizierter Abstieg ein unkalkulierbares Risiko.
Reicht es noch bis zum letzten Hochlager, dann ist die Situation schon günstiger, aber immer noch schwierig genug. Nicht nur, dass man immense Schwierigkeiten mit den üblichen Handgriffen hat, vom Feuermachen und Schneeschmelzen bis zum Auffinden der Ausrüstung, die jetzt mühsam ertastet werden muss, muss man auch solange in der Höhe bleiben, bis sich die Augen wieder soweit erholt haben, dass ein kontrollierbarer Abstieg möglich ist.
Im ungünstigsten Fall kann dies 48 Stunden und länger dauern.

Everest, Nordgrat, 7900 m
J. M. hat Probleme mit der Brille, ständig vereist sie, mehrere Versuche das Eis zu beseitigen misslingen. Eine Ersatzbrille hat er nicht dabei und nachdem er die Brille nicht absetzen möchte, schaut er von nun an ständig über den Brillenrand. Als er Stunden später kurz vor Mitternacht Richtung Nordostgrat unterwegs ist, verspürt er bereits ein leichtes Brennen in den Augen. Nach Sonnenaufgang bleibt die Sicht durch die Brille bis zum Gipfel zunächst ausreichend. Beim Abstieg aber beschlägt sie wieder und wiederum schaut er über den Brillenrand. Während der Übernachtung im Gipfellager werden die Augen-

schmerzen stärker und bei der Etappe zum 2. Hochlager sieht er zunehmend schlechter und muss bereits von einem Sherpa geführt werden. J. M. kann sich inzwischen auch nicht mehr selbst versorgen. Sein Sherpa hilft ihm beim An- und Auskleiden, macht Tee, füttert ihn und bringt ihn nach 65 Stunden etappenweise hinunter ins vorgeschobene Basislager.

An ungeschützten Augen entwickeln sich Entzündungen an der Bindehaut und Hornhaut des Auges in der extrem starken ultravioletten Lichtstrahlung an einem Achttausender bereits innerhalb von wenigen Minuten.
Innerhalb von 4–6 Stunden sterben die strahlengeschädigten Deckzellen der Hornhaut und lösen sich ab. Gleichzeitig werden die darunter liegenden Nervenendigungen freigelegt, ein äußerst schmerzhafter Vorgang.
Erleichterung schaffen entzündungshemmende und schmerzstillende Tropfen oder Salben (Bepanthen, Benoxinat). Jeglicher weiterer Lichteinfall in das Auge muss verhindert werden, entweder durch Verband oder Augenklappe.

Tipp!

Die Beschwerden dauern etwa 6–8 Stunden und bilden sich dann innerhalb von 48 Stunden wieder allmählich zurück.

Netzhautblutungen Neben der Schneeblindheit kann noch ein anderes Ereignis die Sehkraft beeinträchtigen, die Netzhautblutung. In der Netzhaut liegen die Fotozellen, die wie bei einem Fotochip in der Digitalkamera, einfallendes Licht in elektrische Energie umwandeln.

Höhenbedingte Netzhautblutungen

Wird der Lichteinfall auf die Netzhaut durch eine Einblutung behindert, werden Fotosensoren in ihrer Funktion beeinträchtigt. Je näher eine Blutung an das Zentrum der Netzhaut, den Ort der besten Wahrnehmung mit dem dichtesten Bestand an Sensorzellen heran reicht, desto stärker die Beeinträchtigung.

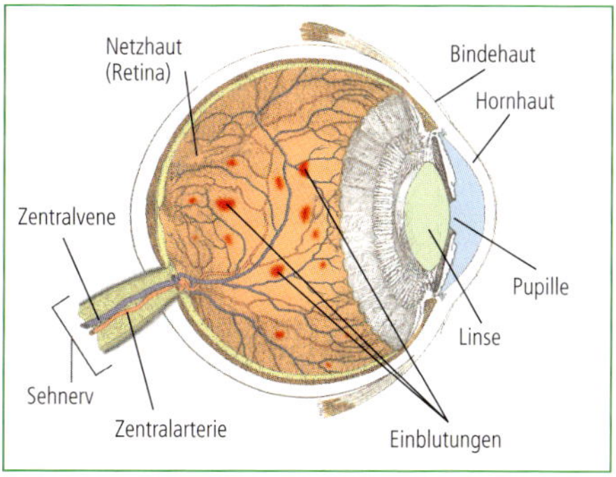

Meistens hat eine Einblutung aber keine Konsequenz für das Sehvermögen, und auch wenn der zentrale Netzhautbezirk betroffen ist, kommt es doch nie zu einer Erblindung, eher zu einem Verschwommensehen. Zudem wäre es schon ein extrem seltener Zufall, wenn gleichzeitig beide Augen und auch noch in gleicher Weise betroffen würden.
Ausgelöst werden die Einblutungen durch die Druckerhöhung in den Hirngefäßen während der ersten Tage der Höhenexposition, oft bestehen gleichzeitig auch Beschwerden einer akuten Höhenkrankheit. Jenseits von etwa 5000 m lassen sich solche Netzhautblutungen bei bis zu 80 Prozent der Bergsteiger nachweisen. Betroffen sind vornehmlich die, die zum ersten Mal in diese Höhe aufsteigen.
Behandlungsbedürftig sind diese Einblutungen aber nicht. Abgesehen davon, dass sie kaum Beschwerden machen, bilden sie sich auch wieder spontan zurück.

Unterkühlung und Erfrierungen

Bewegung ist notwendig um Körperwärme zu erzeugen, denn zum Erhalt des Stoffwechsels ist unser Körper auf Temperaturkonstanz angewiesen (ca. 37 °C).
Mit zunehmender Auskühlung verlangsamt sich der Stoffwechsel, es wird weniger Energie bereitgestellt und weniger Wärme produziert. Um in den lebenswichtigen Organen die Temperatur zu halten, wird die Durchblutung der Haut gedrosselt und nur noch Gehirn und innere Organe ausreichend durchblutet.
Sinkt die Kerntemperatur weiter (<32 °C), drohen Bewusstseinsstörungen bis zur Bewusstlosigkeit, Herzrhythmusstörungen und schließlich der Kältetod.
Wer immer wieder zum Verschnaufen stehen bleiben muss, kühlt rascher aus. Auch die richtige Kleidung ist wichtig. Die äußerste Schicht muss winddicht aber dampfdurchlässig sein, die Unterbekleidung muss die Körperfeuchte nach außen abgeben können und darf nicht nass werden. Denn Nässe und Wind an der Haut verstärken die Auskühlung besonders schnell. Aber auch eine ausreichende und kohlen-

Nicht immer ist das Wetter perfekt, Gasherbrum I, Hochlager I

hydratreiche Ernährung ist wichtig. Wer zu wenig »Brennstoff« hat, kann auch nur wenig verbrennen, ist zu langsam unterwegs und kann seine Körpertemperatur nicht halten. Und wer nicht genug trinkt, vermindert den, durch die Kälte ohnehin schon eingeschränkten Blutfluss an Fingern, Zehen, Nase und generell in der Haut noch weiter, und lässt die Temperatur in der äußeren Körperschicht noch stärker abfallen.

Kälte und Wind muss man akzeptieren, aber man muss die Risiken für Kälteschäden durch eine nicht funktionstüchtige Bekleidung, eine nicht angepasste körperliche Kondition und ein mangelhaftes Ess- und Trinkverhalten nicht noch weiter erhöhen.

Ermüdung und Erschöpfung, ein Sturz in eine Gletscherspalte oder Verletzungen, die die Bewegung einschränken oder bewegungsunfähig machen, lassen die Körpertemperatur generell und an exponierten Regionen, wie Fingern, Zehen und Gesicht besonders sinken. Und in einem unvorhergesehenen Wettersturz mit Abfall der Lufttemperatur und hohen Windgeschwindigkeiten hat auch ein gut trainierter und leistungsstarker Bergsteiger kaum Möglichkeiten eine Auskühlung und Erfrierungen zu verhindern.

Schneeschmelzen im Hochlager

Scott Fischer, Rob Hall und viele andere Bergsteiger erfroren in der Höhe, entweder weil sie in der dünnen Höhenluft zu erschöpft waren und keine Kraft mehr für den Abstieg hatten oder durch einen Wettersturz oder Erfrierungen an Händen und Füßen am weiteren Abstieg gehindert wurden. Wenn die Hände ihren Dienst versagen, kann kein Rucksack mehr geöffnet, keine Flasche mehr zum Trinken an den Mund geführt, kein Handschuh mehr angezogen werden. Dann geht fast nichts mehr, auch einfachere Abstiegspassagen werden zu einem schier unüberwindbaren Hindernis und in Absturzgelände bedeutet die eingeschränkte oder fehlende Sicherungsmöglichkeit fast immer den Tod.

Tipp!

Spätestens wenn der Kälteschmerz nachlässt und Zehen und Finger beginnen gefühllos zu werden, sollte man sofort umkehren.

Erfrierungen 1.–2. Grades

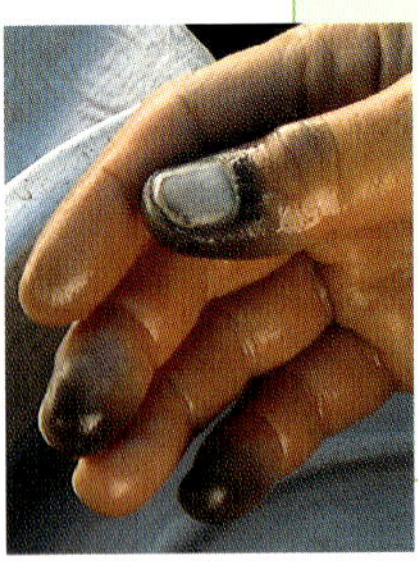

Bei Erfrierungen unterscheidet man verschiedene Schweregrade.

Grad I: Die betroffenen Hautbezirke blassen ab, vollständige Ausheilung

Grad II: Die Haut ist tiefrot bis violett, es bilden sich Blasen. Ausheilung mit bleibenden Schäden.

Grad III: Schwarzfärbung, definitiver Zelltod bzw. Gewebeuntergang

Gesundheitsschäden durch UV-Strahlung

UV B hat zwar eine geringere Eindringtiefe (50–100 Mikrometer) als das UV A (bis zu 5 Millimeter), schädigt aber Haut und Augen wesentlich stärker.
Mit Ausdünnung der Ozonschicht gelangt inzwischen zunehmend mehr UV-Strahlung auf die Erde. Vor allem in der Höhe muss der zunehmend intensiveren Strahlung Rechnung getragen werden, auch wenn die Sonne durch Wolken verdeckt ist.

Gesundheitsschäden durch UV A-Strahlung

- Netzhautschäden
- Hautbräunung, kurz anhaltend ohne Verdickung der Hornschicht
- Hautalterung (Verlust elastischer Fasern)
- Hautkrebs (geringeres Risiko)

Gesundheitsschäden durch UV B-Strahlung

- Linsentrübung (grauer Star)
- Schneeblindheit (Hornhaut- und Augenbindehautschaden)
- Hautbräunung, lang anhaltend mit Verdickung der Hornschicht.
- Sonnenbrand
- aktiviert Lippenherpes
- Hautkrebs (höheres Risiko)

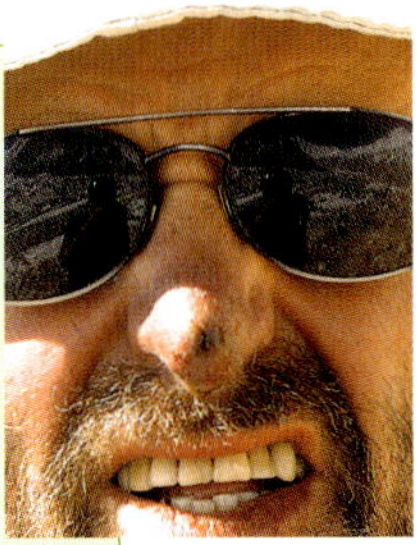

Ausgeprägter Sonnenbrand und Kälteschaden an der Nasenspitze

Cho Oyu, Materialtransport zum Lager II, 7050 m
Die Sonne hat sich bislang noch nicht gezeigt, der Himmel ist bewölkt und es schneit. Wozu soll man sich also an so einem grauen Tag gegen eine Sonne schützen, deren Strahlen scheinbar nicht die dicke Wolkendecke durchdringen?
Alle die, die an diesem Tag auf Sonnenschutz verzichten, bereuen spätestens am Abend im Basislager ihre Fehleinschätzung. Ein kräftiger Sonnenbrand im Gesicht ist die Strafe für die Nachlässigkeit.

Pro 1000 Höhenmeter nimmt die UV B-Strahlung um 15 bis 20 Prozent und die UV A-Strahlung um knapp 10% zu. Zusätzlich reflektiert der Schnee die Sonnenstrahlen und verstärkt ihre Wirkung um bis zu 70 bis 80 Prozent. Auch bei bedecktem Himmel gelangen noch bis zu 50 Prozent der UV-Strahlung auf die Haut. Deshalb Schutz durch Sonnenbrille mit 100%-igem UV-Schutz (Prüfzeichen UV-400) und

Textiler Sonnenschutz

»Ganz oben«, Xiseng Peak, Tibet, 7269 m

Sonnenschutzmittel mit maximalem Lichtschutzfaktor für Haut und Lippen verwenden. Gesicht und Arme evtl. zusätzlich mit Bekleidung schützen.

Thrombose, Embolie und der plötzliche Herztod

Cho Oyu, Basislager, 5680 m
»Oxygen, please oxygen« atemlos und gestikulierend kommt ein Mann auf uns zu. Chris rennt sofort zu unserem Depot und bringt eine Sauerstoff-Flasche, die wir für Notfälle bevorraten.
So schnell es geht, folgen wir ihm bergwärts bis ins Lager der Italiener. Dort liegt ein junger Mann bewusstlos vor seinem Zelt auf dem Boden. Zwei Ärztinnen, im Schlaf von dem Notfall überrascht, knien noch im Schlafanzug neben ihm und versuchen verzweifelt die Situation in den Griff zu bekommen. Zig Spritzen am Boden, aber immer noch keine Atmung und auch das Herz hat aufgehört rhythmisch zu schlagen. Elektroschock, Beatmung mit Beatmungsbeutel, Infusionen und immer wieder rufen sie seinen Namen, tasten den Puls, aber der junge Mann zeigt keine Reaktion.
Was war passiert? Der bewusstlose Italiener ist Diabetiker und Teilnehmer der Trekking-Gruppe, die nicht höher als bis zum Basislager aufsteigen wollte.
Sein Zeltnachbar beobachtet am frühen Morgen plötzlich, wie er zunehmend nach Atem ringt und kurz darauf bewusstlos wird. Im EKG zeigt sich ein Kammerflimmern, eine Lungenembolie.
Später erfahren wir, dass der junge Italiener überlebt hat. Von sechs Trägern wurde er 700 Hm tiefer ins Zwischenlager geschafft, eine beachtliche Leistung.

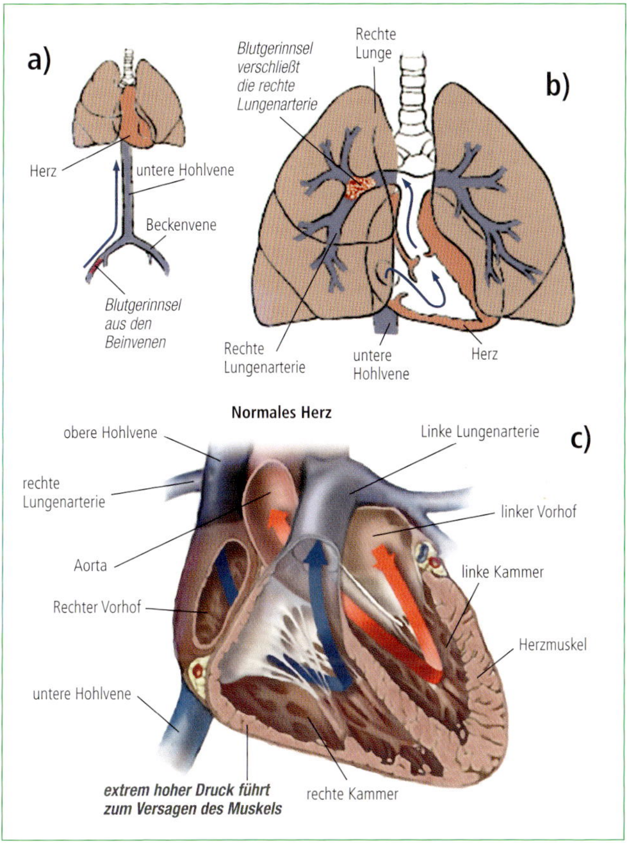

Lungenembolie: Blutgerinnsel aus Beinvenen werden über das rechte Herz in die Lungenarterien gepresst.

Für längere Aufenthalte in extremen Höhen ist unser biologisches System nicht geeignet. Die Anzahl der roten Blutkörperchen müsste in der dünnen Luft so stark ansteigen, dass unser Herz nicht mehr in der Lage wäre, das dickflüssige Blut durch unsere Gefäße zu pumpen.
Bereits bei der üblichen Bluteindickung in der Höhe leistet unser Herz schon Schwerstarbeit, aber bei gut trainierten und gesunden Höhenbergsteigern ist das selten ein Problem. Doch trotzdem bleibt ein Restrisiko, nämlich, dass das, in Venen nur träge fließende, dickflüssige Blut gerinnt und Gefäße verschließt.

»Hochlager-Eintopf«

Löst sich dann so ein Blutgerinnsel und wird weiter in die Lungengefäße geschwemmt, dann bleibt es dort, je nach Größe in den Verästelungen der Lungenarterien stecken. Nicht nur, dass solche von der Zirkulation abgeschlossenen Areale nicht mehr für den Gasaustausch zur Verfügung stehen und die Atmung noch weiter erschweren, auch das Herz, das bereits Schwerstarbeit verrichtet, wird infolge der plötzlichen Widerstandserhöhung im Lungenkreislauf noch stärker gefordert und kann an dieser Überforderung versagen.
Der Bergsteiger, dem es eben noch gut ging, fällt wie vom Blitz getroffen zu Boden, klagt über Übelkeit und ist kurz drauf tot.

Info!

Der plötzliche Herztod an hohen Bergen ist fast immer die Folge einer ausgeprägten Lungenembolie. Sie ist neben Spaltenstürzen und Lawinenverschüttungen das größte Todesrisiko in extremen Höhen.

Dieses Risiko wird oft durch eignes Zutun noch vergrößert, weil wir vor allem auf den Gipfeletappen zu wenig trinken. Wie viele Getränke nimmt man denn schon mit auf einen Sieben- oder Achttausender? Möglichst wenig, weil man alles hochschleppen muss. Und wie oft trinkt man auf dem Weg zum Gipfel? Möglichst selten, weil man zum Trinken den Rucksack abnehmen und die Überhandschuhe ausziehen muss.
Hier kommt aber niemand umhin sich eine vernünftige Strategie im Voraus auszudenken. Trinken ist ein absolutes Muss und beginnt bereits schon vor dem Aufstieg und noch im Zelt.

Tipp!

Ein bis zwei Liter Flüssigkeit sollten bei Tagesetappen in großen und extremen Höhen mitgenommen werden, auf Gipfeletappen zwei bis drei Liter.

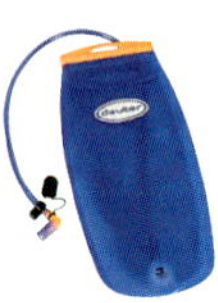

Und die sollten so verstaut sein, dass sie gut erreichbar sind. Empfehlenswert sind Trinkrucksäcke. Es gibt sie inzwischen auch schon mit einer isolierenden Neoprenumhüllung. Unter der Daunenkleidung getragen, bleibt ihr Inhalt warm, der wärmt darüber hinaus den Rücken, und den Trinkschlauch kann man hinter dem Reißverschluss der Daunenjacke so platzieren, dass er jederzeit griffbereit ist. Aus eigener Erfahrung kann ich so etwas nur empfehlen.

Höhenhusten und geeignete Hustenmittel

Dem Höhenhusten kann kein Höhenbergsteiger entgehen. Art und Umfang der Ausprägung sind individuell jedoch sehr unterschiedlich.

Everest Basislager, 5300 m
Peter Steele, britischer Expeditionsarzt bei der Internationalen Himalaya Expedition zum Everest 1971 erwischt es stark: »In einer Höhe, wo das bloße Atemholen schwierig war, hatte ich einen bellenden Husten, der mich andauernd quälte. Ein solcher Hustenanfall von mehreren Minuten Dauer ließ mich hilflos nach Luft ringen und verursachte starke Rippenschmerzen«.

Im Extremfall kann er so heftig werden, dass unter Hustenattacken Rippen brechen, in den meisten Fällen stört er aber den Schlaf, weil man durch das Husten ständig geweckt wird. Je höher man steigt, umso stärker wird er.
Bislang galt ausschließlich die Auffassung, dass die kalte und trockene Höhenluft die Ursache hierfür seien, inzwischen weiß man aber aus einem simulierten Aufstieg auf Everesthöhe in einer Druckkammer, dass er auch bei einer Lufttemperatur von 18–24 °Celsius und einer Luftfeuchtigkeit von 30–60% auftritt. Somit ist offenbar eher der abnehmende Atmosphärendruck als Lufttrockenheit und Kälte ursächlich wirksam. Früher nahmen Expeditionsteilnehmer häufig noch einen codeinhaltigen Hustensaft vor dem Schlafengehen, unterdrückten damit den quälenden Hustenreiz und förderten auch die Müdigkeit, weswegen Codein vielfach auch als Einschlafhilfe begehrt war. Codein bremst allerdings auch den Atemantrieb und lässt die Sauerstoffsättigung im Blut weiter fallen, was den Einsatz codeinhaltiger Präparate in der Höhe relativiert. Denn mit jedem weiteren Abfall der Sauerstoffsät-

tigung im Blut verzögert sich auch die Akklimatisation und das Risiko höhenkrank zu werden nimmt zu.

Tipp!

Als bessere Alternative bietet sich heutzutage das ebenso gut hustendämpfend wirkende Noscapin (Capval) an. Im Gegensatz zu Codein beeinträchtigt es nicht Atmung und Sauerstoffsättigung und macht auch nicht müde.

Kinder und Senioren

Säuglinge können bei kurzen Wanderungen in Tallagen im Tragerucksack mitgenommen werden. Ein mehrstündiger Aufenthalt zwischen 2000 und 2500 m ist möglich (Flugreisen, Seilbahnfahrten). Erhöhte Gefährdung gegenüber Kälte und Infektionen in diesem Alter aber beachten. Bei längeren Tragezeiten wird der natürliche Bewegungsdrang eingeschränkt.

Bis zum 14. Lebensjahr: Bergwanderungen, bzw. Unternehmungen, bei denen keine alpinistischen Techniken (Seilgebrauch, Steigeisentechnik, etc.) erforderlich sind. Länge und Schwierigkeit sind der kindlichen Leistungsfähigkeit anzupassen. » Kind geht nicht mit den Eltern, sondern Eltern mit dem Kind!« Aufenthalte oberhalb der Eisgrenze (ca. 3000 m) nach Möglichkeit erst ab dem 10. Lebensjahr.

Früher alpiner Ehrgeiz

Das Risiko höhenkrank zu werden ist vergleichbar dem im Erwachsenenalter, zumindest was die akute Bergkrankheit anbelangt. Auch beim Höhenhirn- und Höhenlungenödem scheint ein vergleichbares Risiko zu bestehen.

Bis um das 8. Lebensjahr kann es mitunter aber schwierig sein Befindlichkeitsstörungen einer Höhenkrankheit zuzuordnen. So können z. B. Verdauungsstörungen als Höhenkrankheit ausgelegt und umgekehrt eine Höhenkrankheit für eine Verdauungsstörung gehalten werden.

14. – 18. Lebensjahr: Kinder können sich ohne Einschränkungen in Begleitung Erwachse-

Die Eltern werden bald immer seltener gebraucht!

ner im alpinen Gelände bewegen (Gletscher- und Klettertouren) und auch an außereuropäischen Trekkingtouren teilnehmen. Allerdings ist darauf zu achten, dass sie wegen der noch geringeren Belastbarkeit von Wirbelsäule und Gelenken nur leichtes Gepäck tragen.

Senioren: Bei gesunden Senioren besteht altersbedingt kein Höhenlimit und auch kein erhöhtes Risiko für die Höhenkrankheit. Die aerobe Leistungsfähigkeit ist bis ins hohe Alter trainierbar!

Antibabypille

Bei Bergsteigerinnen, die Aufstiege in extreme Höhen planen, stellt sich häufig die Frage, ob sie die Pille vor dem Aufstieg vielleicht doch besser absetzen sollen. Denn die Pille erhöht das Thromboserisiko und dieses ist in der Höhe und der Kälte infolge der Eindickung und der eingeschränkten Fließfähigkeit des Blutes ohnehin schon erhöht.

In der Praxis haben sich diese Überlegungen aber als unbegründet erwiesen, eine Pillenpause am Berg ist aus gesundheitlichen Gründen jedenfalls nicht erforderlich. Vorteilhaft kann die Pille jedoch zur Regulierung oder Verschiebung des in der Höhe oft gestörten Menstruationszyklus eingesetzt werden.

Tipp!

Berücksichtigen sollte Frau aber, dass das Überqueren mehrerer Zeitzonen evtl. auch einen veränderten Einnahmerhythmus der Pille erfordert.

Wie man inzwischen von Expeditionsteilnehmern und -teilnehmerinnen weiß, hat sexuelle Aktivität im Basislager offenbar auch keinen Einfluss auf die Höhenanpassung und schmälert auch nicht die Gipfelchancen. Allerdings dürfte den wenigsten in der Höhe der Kopf danach stehen.

Schwangerschaft

Eine Schwangere wird in der Regel kaum auf die Idee kommen an einem Höhentrekking oder gar einer Expedition teilzunehmen. Häufiger wohl wird sie sich aber mit der Frage auseinandersetzen, ob sie den gewohnten Bergsport weiterhin machen kann.

Info!

Bergsport, eine Variante des Ausdauersports, kann selbstverständlich auch während einer Schwangerschaft seine positiven Auswirkungen auf Herz, Kreislauf und Wohlbefinden entfalten und insbesondere auch der Bildung von Thrombosen, Krampfadern und Hämorrhoiden vorbeugen.

Aber wie intensiv und vor allem bis in welche Höhe geht das noch? Grundsätzlich können Schwangere ohne ärztliches Zeugnis bis vier Wochen vor dem Geburtstermin fliegen, vorausgesetzt die Schwangerschaft verläuft bis dahin unkompliziert. Der Kabinendruck in einem Flugzeug entspricht etwa einer Höhe von 2000–2500 m. Eine gesunde und sportlich aktive Schwangere kann bei unkomplizierter Schwangerschaft vor allem im ersten Schwangerschaftsdrittel durchaus noch höher hinaus und Bergtouren bis etwa 3000 m und höher unternehmen.

Aber sie sollte eine Aufstiegsgeschwindigkeit wählen, bei der sie nicht außer Atem gerät, was sie wahrscheinlich ohnehin instinktiv machen wird.

Entwicklung und Versorgung des heranwachsenden Babys beanspruchen bereits Herz und Kreislauf wie bei einem leichten Ausdauertraining, denn das Blutvolumen vermehrt

sich in der Schwangerschaft infolge der Doppelversorgung um 30–40%, mit der Folge, dass die Herztätigkeit zwangsläufig zunimmt und der Ruhepuls steigt. Auch die Gewichtszunahme von etwa 10–12 Kilogramm schränkt die Leistungsfähigkeit weiter ein.
Die erhöhte Anzahl an roten Blutkörperchen gewährleistet normalerweise einen ausreichenden Sauerstofftransport in Gebärmutter und kindlichem Kreislauf. Unter körperlicher Belastung und in der dünneren Höhenluft jedoch sinkt die Sauerstoffsättigung im Blut.

Am Hochkönig, unterwegs zum Matrashaus

Info!

Eine Minderversorgung des Kindes ist bei Belastungen im submaximalen Bereich und bei einem Aufstieg ohne Leistungsdruck bis auf 2500 m nicht zu erwarten. Als Richtgröße sollte hierbei ein Puls von maximal 140/min gelten.

Tipp!

Leistungsdruck und übersteigerter Ehrgeiz sind in der Schwangerschaft völlig fehl am Platz.

Auch ist es ratsam auf alle Bergsportarten zu verzichten, bei denen Stöße auf den Unterleib mit der Gefahr vorzeitiger Wehen, einer Plazentalösung oder eines Blasensprung drohen. Dies betrifft alle Sportarten mit erhöhtem Verletzungsrisiko, vor allem Klettern, Skifahren, Snowboarden und Mountainbiken.
Wichtig ist auch bei sportlicher Aktivität in der Höhe vor allem viel zu trinken. Wird das Blut dickflüssiger, steigt die Mehrbelastung des Herzens und Durchblutung der Plazenta und Versorgung des Kindes können sich verschlechtern, darüber hinaus nimmt auch das Thromboserisiko zu.

Diabetes mellitus

Der Diabetes mellitus (**Zuckerkrankheit**) stellt nicht zwangsläufig ein erhöhtes Gesundheitsrisiko am Berg dar, insbesondere nicht, wenn der Blutzucker gut eingestellt und gewissenhaft kontrolliert wird.

Info!

Bergsport hat wie jeder andere Ausdauersport auch positive Auswirkungen auf den Zuckerstoffwechsel. Er verbessert die Zuckerverwertung und verringert den Insulinbedarf.

Vor allem beim Typ-2-Diabetiker (Erwachsenendiabetes), der oft noch an Übergewicht, erhöhten Blutfettwerten und erhöhtem Blutdruck leidet, ist körperliche Aktivität besonders geeignet, um die Stoffwechseleinstellung zu verbessern. Nach gegenwärtigem Wissensstand ist Höhe an sich für Diabetiker nicht gefährlich, allerdings muss berücksichtigt werden, dass viele Typ-2-Diabetiker an Begleiterkrankungen des Herzens und des Kreislaufs leiden, welche höhenlimitierend sein können.

Unter körperlicher Belastung nimmt der Insulinbedarf ab. Bei insulinbehandelten Diabetikern bedeutet dies, dass weniger Insulin gespritzt oder mehr Kohlenhydrate zugeführt werden müssen. Bei tablettenbehandelten Diabetikern ist häufig ebenfalls eine Anpassung der Therapie notwendig. Unter stärkster körperlicher Anstrengung kann es allerdings unter dem Einfluss von „Stresshormonen" auch zu einem Anstieg des Blutzuckers kommen. Eine engmaschige und sorgfältige Überprüfung des Blutzuckerspiegels ist deshalb unerlässlich.

Tipp!

Jedem Diabetiker ist aber darüber hinaus dringend zu empfehlen mit einem Partner aufzusteigen, der mit den Besonderheiten der Krankheit vertraut ist und der vor allem auch weiß, wie er im Notfall bei Unterzuckerung reagieren muss.

Um zu verhindern, dass das Insulin gefriert, sollten Pens und Ersatzampullen immer warm gehalten werden.

Info!

Höhenbergsteigen mit höchster Beanspruchung kann für den Diabetiker wegen der damit verbundenen besonderen Risiken nicht uneingeschränkt empfohlen werden, auch wenn es bekanntlich Bergsteiger gibt, die trotz Diabetes sportliche Höchstleistungen erbrachten und sich auch an Achttausendern versuchten.

Aber ein Aufstieg in extreme Höhen ist zwangsläufig mit zusätzlichen und nicht immer kalkulierbaren Risiken behaftet, vor allem die Kälte und die extreme körperliche Herausforderung und ein, mit absoluter Sicherheit nie auszuschließendes Notbiwak bei Wettersturz oder nach Verletzungen können nicht nur Diabetiker und Partner vor große und vielleicht unlösbare Probleme stellen. Jeder Diabetiker, so

Everest vom Cho Oyu 8201 m

gewissenhaft er auch seine Krankheit im Griff haben mag, muss sich mit dem Gedanken auseinandersetzen, dass die Kontrolle seiner Krankheit unter solchen Bedingungen nicht ausschließlich von seinem Geschick und seiner Sorgfalt abhängen.

Wer es trotzdem wagt, sollte die Entwicklung seiner Blutzuckerwerte unter sportlicher Belastung genauestens kennen, damit er in der Lage ist, Insulindosis, Art, Menge und Zeitpunkt der Nahrungs- und Flüssigkeitsaufnahme der zu erwartenden körperlichen Belastung anzupassen.

Prinzipiell sollten Diabetiker auch beim Extrembergsteigen auf die Ihnen vertrauten Insuline und Darreichungsformen zurückgreifen – also Insulinpen oder Insulinpumpe. Erwähnenswert ist aber, dass Aventis und Pfizer bald ein inhalatives Insulin auf den Markt bringen. Dabei handelt es sich um ein Insulin-Trockenpulver, welches vor den Mahlzeiten über die Lunge inhaliert wird. Ob diese Darreichungsform einen Vorteil für Höhenbergsteiger darstellt, bleibt abzuwarten. Zwar entfällt der aufwändige Schutz des Insulins vor Wärme, Kälte und UV-Strahlen, allerdings ist die Wirkung des inhalativen Insulins in großer Höhe und bei Atemwegsinfektionen nicht untersucht bzw. eingeschränkt. Zudem muss das Insulintrockenpulver über relativ große und schwere Geräte inhaliert werden.

Bild oben: Insulininjektion (Insulinpen) unter die Haut
Bild unten: Insulinpen, Insulinpumpe und Blutzuckermessgerät, verschiedene Modelle

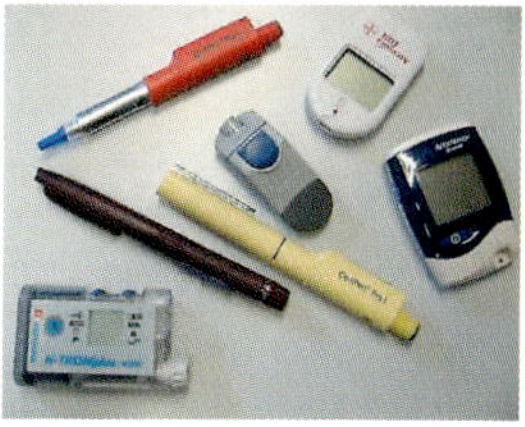

Vorbereitung und Training

»Bin ich fit? Vor meiner Abreise in die Anden geht mir diese Frage permanent durch den Kopf. Meine Kondition ist sicher nicht schlecht, ob sie aber ausreicht?
Seit vielen Jahren laufe ich regelmäßig, auch weil mir das Laufen mehr Geduld und Ausdauer im beruflichen Alltag gibt. Viele interessante Projekte entstanden beim Laufen, irgendwann, wenn überschüssige Stresshormone abgebaut und der Kopf wieder frei war für neue Ideen.
Und darüber hinaus können mit Bewegung Herz und Kreislauf effektiv trainiert werden«.

Die Höhe ist ein Leistungskiller

Mit zunehmender Höhe und abnehmendem Sauerstoff-Teildruck steht immer weniger Sauerstoff für die Energieversorgung der Muskulatur zur Verfügung, somit verringert sich auch die körperliche Leistungsfähigkeit am Berg. Bis auf eine Höhe von etwa 1500 m wird sie kaum eingeschränkt. Aber jeder weitere Aufstieg um 100 Meter lässt sie jeweils um etwa 1% schrumpfen. In gleicher Weise sinkt die Steigleistung. Beträgt sie unterhalb von 1500 m bei einem Bergsteiger ohne Ausrüstung und Gepäck noch 500 Hm pro Stunde so vermindert sie sich mit zunehmender Höhe:

Steigleistung in der Höhe

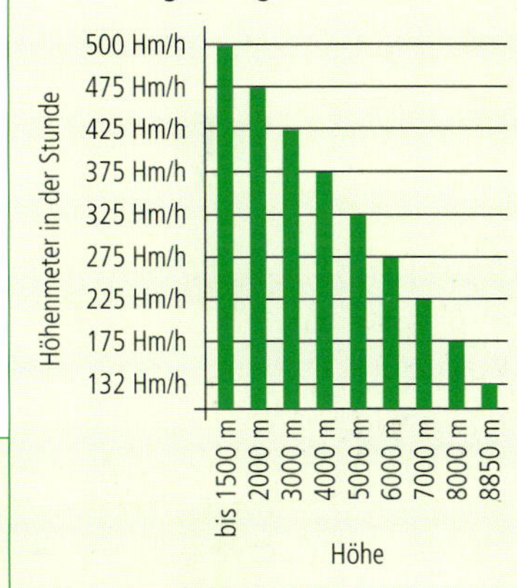

Körperliche Leistungsfähigkeit in der Höhe

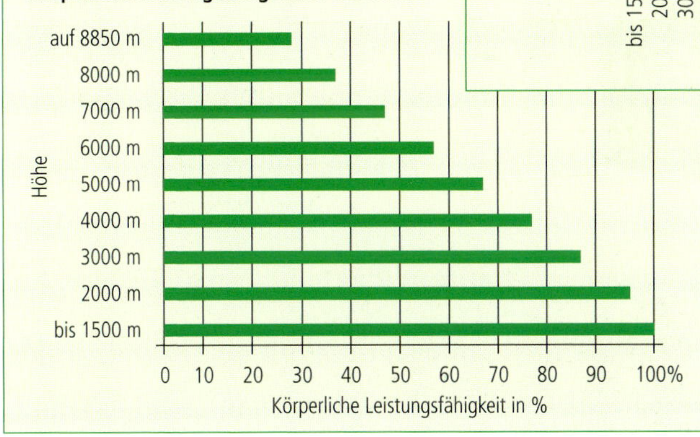

Zusätzlich wird die Steigleistung noch durch das Gewicht der Ausrüstung und des Gepäcks um weitere 5–10% gemindert! Nur wer gut trainiert ist, d. h. ein leistungsfähiges Herz hat, möglichst viel Luft bzw. Sauerstoff in seine Lunge aufnehmen kann, über einen Stoffwechsel verfügt, der auch noch nach Stunden Energie bereitstellt, hat gute Chancen sein Höhenziel zu erreichen.

Linke Seite:
Bernina, Biancograt

Abstieg vom Makalu im Sturm

Denn ein gut trainierter Bergsteiger, dessen Energieumsatz wesentlich rascher und effektiver verläuft kann unter körperlicher Belastung die Sauerstoffaufnahme wesentlich wirksamer steigern. Er ist schneller, braucht bei der entscheidenden Gipfeletappe vielleicht nur halb so lang und vergrößert somit auch seine Sicherheit beträchtlich.
Nicht nur die dünne, auch die trockene Höhenluft drosselt unser Aufstiegstempo. Bereits ab minus 10 °Celsius ist die Luft **weitgehend** wasserdampffrei. Zur Anfeuchtung der Atemluft muss deshalb das Wasser der Schleimhaut der Atemwege entzogen werden. Unter diesen Bedingungen können bis zu zwei Liter Wasser täglich verloren gehen, bei körperlicher Anstrengung sogar noch mehr. Berücksichtigt man auch noch das nachlassende Durstgefühl in der Höhe, dann lässt sich rasch erkennen, dass die Wasserbilanz niemals ausgeglichen sein kann. Kommt dann noch ein Durchfall mit weiterem Wasserverlust hinzu, ist ein rascher Leistungsabfall nicht mehr zu vermeiden.

Info!

Bereits der Verlust von zweieinhalb Litern (ca. 5% des Gesamtwassers) lässt die Leistungsfähigkeit um 30% schrumpfen! Nach Verlust von weiteren zweieinhalb Litern drohen bereits Gang- und Koordinationsstörungen.

Ein sicherer Abstieg unter solchen Bedingungen ist Illusion. Weitere Risiken, die die lebensbedrohende Gefährdung weiter verschärfen, sind die klirrende Kälte und die stark eingeschränkte Nahrungsaufnahme, die Kopf und Körper weiter schwächen. Unter solchen Bedingungen sind die Grenzen menschlicher Existenz sehr rasch erreicht und man gerät – wie Diemberger anlässlich der Katastrophe am K2 treffend formuliert hat – auch bald in einen Zustand, »in dem Traum und Wirklichkeit nur noch schwer auseinander zu halten sind«. Diesem Zustand folgt bei weiterem körperlichem Verfall der vollständige Bewusstseinsverlust.

Höhenbergsteiger brauchen Ausdauer

Das energiereiche ATP (Adenosintriphosphat) ist der Kraftstoff bzw. die Energiequelle der Muskulatur. ATP ist aber nur in einem geringen Umfang in der Muskelzelle vorhanden und muss unter Belastung in ausreichender Menge und vor allem auch in der erforderlichen Geschwindigkeit aus den beiden primären Energieträgern Glukose und Fettsäuren nachgeliefert werden, da sonst Leistungseinbußen drohen.

Info!

Im Gegensatz zu einem Kurzstreckenläufer, bei dem Schnelligkeit während einer kurzen Zeitspanne gefordert ist, muss ein Höhenbergsteiger eine gleich bleibende submaximale Leistung über einen langen Zeitraum bringen.

Die Geschwindigkeit, mit der verbrauchtes ATP regeneriert wird, ist deshalb beim Höhenbergsteiger weniger bedeutsam als vielmehr die Konstanz der ATP-Regeneration über einen längeren Zeitraum.

Grundsätzlich unterscheidet man eine rasche und eine langsame Energiebereitstellung. Die schnelle erfolgt ohne Sauerstoff und wird deswegen auch als anaerob bezeichnet. Sie deckt einen hohen Energiebedarf bei Hochleistungen, allerdings nur für eine begrenzte Zeit, während der aerobe Modus einen niedrigeren Energiebedarf über lange Zeiträume gewährleisten kann.

Limitierend ist beim anaeroben Abbau von **Glukose (Traubenzucker)** vor allem das Stoffwechselprodukt Milchsäure (Laktat), es erhöht den Säurewert des Blutes, hemmt die chemischen Reaktionen, die der Muskelkontraktion zu Grunde liegen und wirkt deshalb leistungsbegrenzend.
Im Gegensatz zu dieser milchsäurebildenden Energiebereitstellung entsteht bei der aeroben Energiegewinnung kein leistungslimitierendes Laktat.
Die für das Höhenbergsteigen erforderliche Ausdauer erzielt man nur, wenn man vornehmlich im aeroben Bereich trainiert, also in dem Bereich, in dem die erforderliche Energiebereitstellung für die Muskeln mit dem eingeatmeten Sauerstoff noch gewährleistet werden kann.
Die Glykogenspeicher (Stärkespeicher) in den Muskelzellen, aus denen die Glukose zunächst bezogen wird, sind nicht groß, sie reichen je nach Belastungsintensität nur für wenige Stunden. Die Fettreserven unter der Haut und in der Bauchhöhle hingegen reichen für Tage und sind für den Höhenbergsteiger, der auf eine lang anhaltende konstante Energiebereitstellung angewiesen ist, von grundlegender Bedeutung.

Wie kann ich mich zu Hause vorbereiten?

Je mehr Sauerstoff ein Bergsteiger mit einem Atemzug aufnehmen und verwerten kann, umso größer die Energieausbeute aus der aeroben Energiebereitstellung und desto besser seine Steigleistung.

Vergleich Nichtsportler/Ausdauersportler – 25 Jahre

	Nichtsportler in Ruhe	Nichtsportler maximal	Ausdauersportler in Ruhe	Ausdauersportler maximal
Herzgewicht (g)	300		500	
Herzfrequenz (min^{-1})	80 →	**180**	40 →	**180**
Schlagvolumen (ml)	70 →	**100**	140 →	**190**
Herzzeitvolumen (l/min)	5,6 →	**18**	5,6 →	**35**
Atemzeitvolumen (l/min)	8,0 →	**100**	8,0 →	**200**
O_2-Aufnahme (l/min)	0,3 →	**2,8**	0,3 →	**5,2**

Die Leistungsgröße, mit der sich die Intensität der am Berg erzielbaren Dauerleistung bestimmen lässt, heißt VO_2 max und bedeutet maximale Sauerstoffaufnahmefähigkeit bzw. aerobe Kapazität.

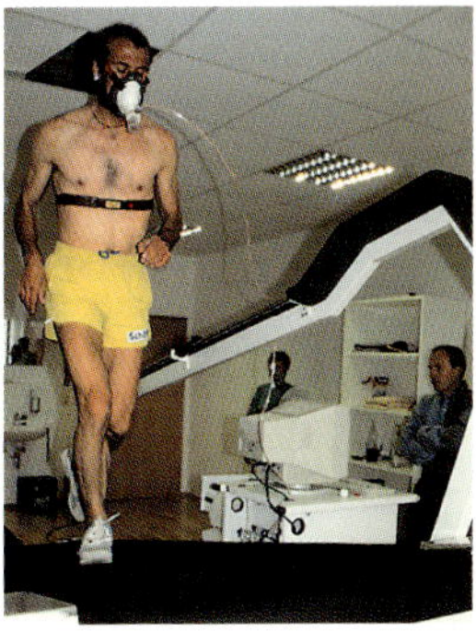

Leistungstest

Ein Untrainierter kann unter körperlicher Belastung durch Steigerung von Herz-, Atem- und Muskeltätigkeit die Sauerstoffaufnahme maximal um das zehnfache auf 3000 Milliliter/Min. steigern. Auf die Körpermasse eines 75 Kilogramm schweren Bergsteigers umgerechnet, würde dessen Relativwert der VO_2 max. 40 ml pro Kilogramm und Minute betragen, ein Wert, der ohne Gepäck lediglich Steigleistungen von etwa 300 Höhenmetern unterhalb von 2500 Metern ermöglicht, oberhalb dieser Höhe jedoch zu gering ist um adäquate Steigleistungen zuzulassen.

Info!

Wer den Elbrus oder den Kilimanjaro besteigen oder den Everest- oder Annapurna-Trek gehen will, sollte idealerweise einen Relativwert von 55–65 ml/kg/Min. aufweisen.

Tipp!

Vielfach wird falsch trainiert, überwiegend zu hoch bzw. anaerob belastet. Deshalb ist es ratsam, vor Beginn des Trainings die aktuelle Leistungsfähigkeit im Rahmen eines Leistungstests bestimmen zu lassen.

Anhand der Laktat-Leistungskurve können aerober und anaerober Stoffwechselbereich und die jeweils im Übergangsbereich liegende aerobe und anaerobe Schwelle bestimmt werden.

Mit Hilfe dieser beiden Schwellen können zur Verbesserung der Leistungsfähigkeit trainingswirksame Herzfrequenzen bzw. Pulsbereiche vorgegeben werden. Stellt man bei der Pulsuhr jeweils die errechneten Pulsvorgaben ein, dann kann das Lauftraining in den erforderlichen Belastungsbereichen exakt durchgeführt werden, ohne dass die Gefahr besteht sich möglicherweise über- oder evtl. sogar unterzubelasten.

Höhenbergsteiger müssen auch den anaeroben Stoffwechselbereich und den aerob-anaeroben Übergangsbereich trainieren, allerdings liegt der Schwerpunkt im aeroben Bereich:

Nach dem Leistungstest trainiere ich nach Plan, überwiegend im aeroben Bereich bei geringerer Belastungsintensität und jedes Mal, wenn ich wieder in meinen alten Laufrhythmus komme, piepst meine Pulsuhr und zwingt mich zu einem gemächlicheren Tempo.

Dieser sollte etwa 2/3 des wöchentlichen Trainingsumfanges betragen, denn nicht allein die Verbesserung der maximalen Sauerstoffaufnahmefähigkeit ist entscheidend, sondern auch deren aerober Nutzungsgrad.
Während des Trainings sinken bei gleich bleibender Belastungsintensität schließlich Puls und Laktatwerte und zeigen infolge einer verbesserten Pumpleistung des Herzens, einer erhöhten Sauerstoffverwertung in den Muskelzellen und einer ökonomischeren Atmung eine Steigerung der aeroben Kapazität an.

Hypoxietraining und Höhensimulation

Nachdem man die Auswirkungen der Hypoxie (Sauerstoffmangel) auf den menschlichen Organismus in den wesentlichen Details erkannt hatte, begann man Hypoxie als Trainingsstimulus bei Leistungssportlern und inzwischen in zunehmendem Umfang auch bei Höhenbergsteigern einzusetzen.

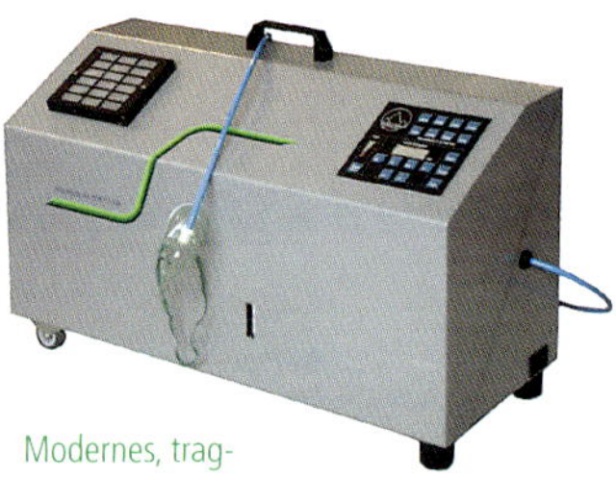

Modernes, tragbares Gerät zur Erzeugung von sauerstoffarmen Luftgemischen (Oxymount)

Hypoxietraining war in den vergangenen Jahren gleichbedeutend mit Höhentraining, dem Training unter natürlichen Sauerstoffmangelbedingungen. Seit kurzem gewinnen künstliche Höhenbedingungen, die durch sauerstoffarme Atemgasgemische simuliert werden, eine immer größere Bedeutung, vor allem bei denen, die nicht professionell und als Spitzensportler betreut werden und die auch nicht die Zeit haben, neben der Berufstätigkeit ständig Hochlagen zwischen 2500 und 3000 Meter aufzusuchen.

Info!

Ein Höhenaufenthalt kann entweder in einer Unterdruckkammer oder durch das Atmen sauerstoffarmer Luftgemische in einem Raum, z. B. in einem Spezialzelt oder über eine Atemmaske simuliert werden.

Die Atmung von Sauerstoffmangelgemischen führt neben leistungssteigernden Effekten, wie einer verbesserten Muskeldurchblutung, auch zu einer erhöhten Freisetzung von Erythropoietin und zur Neubildung roter Blutkörperchen (endo-

Hypoxietraining, simulierte Höhe: 2760 m

genes Doping!). Ein Vorteil dieses Zusatztrainings ist die exakte Steuerung der Belastung auf einem Ergometer oder Laufband und die zeitliche Verfügbarkeit. Auch nach Arbeitsschluss lässt sich noch eine Trainingseinheit absolvieren und diese lässt sich auch noch mit den anderen Trainingseinheiten kombinieren. Tritt man die Reise bereits mit mehr roten Blutkörperchen an, ist die Höhenanpassung komplikationsloser und die Gipfelziele lassen sich weniger mühsam erreichen.

Tipp!

Welche Höhe man simuliert und wie häufig und intensiv man dieses vorbereitende Höhentraining absolviert, sollte mit einem Sportmediziner abgeklärt werden.

Training der Atemmuskulatur

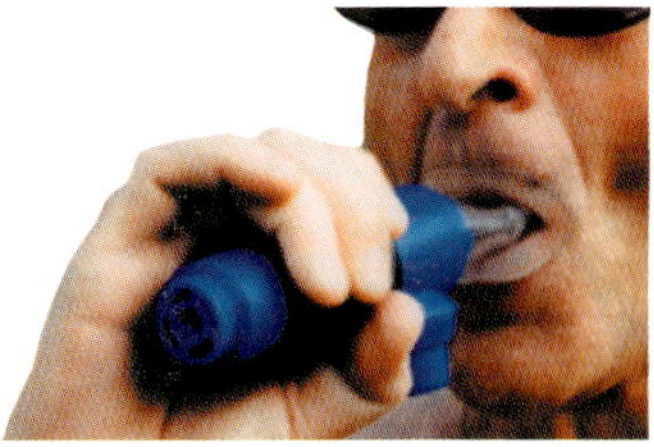

Das Luftvolumen der Lunge ist begrenzt und kann durch Training nicht verbessert werden, allerdings lässt sich mit einer gut trainierten Atemmuskulatur die Atemtätigkeit bzw. der Atemgrenzwert (max. Atemminutenvolumen) steigern Vorteilhaft ist dies in extremen Höhen, wo auch Atemtechnik und die Kraft der Atemmuskulatur von leistungslimitierender Bedeutung sind.

Zum Training der Atemmuskulatur gibt es unterschiedliche Methoden. Im einfachsten Fall wird ein Latexgummiband um die Brust gebunden, im anderen Fall gegen Widerstand ein- und ausgeatmet (SpiroTiger, PowerLung)

Atemmuskeltraining (PowerLung)

Bergsteigen, Trekking und Expeditionen

Jahr für Jahr reisen etwa 60 000 Höhentrekker und Höhenbergsteiger zum Kilimanjaro und 300 000 bis 400 000 nach Nepal und noch größer ist die Anzahl derer, die in den Alpen jedes Jahr Höhen oberhalb von 2500 m aufsuchen. Oft ist nicht die körperliche Kondition das Problem sondern der Zeitdruck, unter den man sich setzt, um sein Höhenziel zu erreichen. Dann sind Höhenkrankheiten vorprogrammiert, weil der knappe Zeitrahmen oft keine Zeit für eine ausreichende Akklimatisation lässt.

Alpines Bergsteigen – Viertausender ohne Akklimatisation?

Dreitausender können bei guter körperlicher Verfassung und Höhenerfahrung durchaus ohne Akklimatisationspausen bestiegen werden, denn entscheidend für das Auftreten einer Höhenkrankheit ist nicht die erreichte Maximalhöhe, sondern die Höhe, in der man verweilt bzw. der örtliche Sauerstoffmangel, dem man sich längerfristig aussetzt. Bei Hochtouren ist deshalb die Höhe der Hütte, auf der man die Nacht vor dem Aufstieg verbringt, von entscheidender Bedeutung. In den Ost- und Südalpen liegt diese meistens unterhalb bzw. um der Schwellenhöhe von 2500 m. Auf dem Gipfel selbst verbringt man nur kurze Zeit und kehrt noch am gleichen Tag wieder auf die Hüttenhöhe zurück oder steigt gar noch tiefer ab. Deshalb sind Höhenkrankheiten bei solchen Unternehmungen eher selten. Wer allerdings ein Biwak im Gipfelbereich plant oder notgedrungen einrichten muss, beim Auf- und Abstieg zu langsam ist oder die Nacht auf einer anderen höher gelegenen Hütte verbringt, kann höhenkrank werden. In jedem Fall sollte man vor solchen Unternehmungen seine Höhenverträglichkeit schon ausgelotet haben. Dann spricht nichts dagegen, wenn man z. B. am Anreisetag zur Martin Busch Hütte (2501 m) und am nächsten Morgen auf den Similaun (3606 m) aufsteigt. Wer allerdings höher gelegene Hütten ansteuert, z. B. das Brandenburger Haus (3272 m), der sollte zuvor zumindest eine Nacht beschwerdefrei auf einer tiefer gelegenen Hütte verbracht haben, z. B. dem Hochjoch Hospiz (2413 m).

Oft gemacht, aber nicht jedem zu empfehlen: Am Tag der Anreise von Vent (1900 m) mit dem Lift nach Stablein (2680 m) und Aufstieg zur Breslauer Hütte (2840 m) um dann früh am Morgen die Wildspitze (3772 m) zu »machen«. Wer sich dann nicht fit für die restlichen 950 Höhenmeter fühlt, sollte besser auf der Hütte bleiben.

Sehr beliebt sind auch Wochenendtouren zum Piz Palü (3905 m) in der Bernina mit Anreise zum Diavolezza Berghaus (2973 m) oder zur Bovalhütte (2495 m). Keine Frage,

Linke Seite: Cho Oyu Gipfel, rechts hinten Mount Everest

solche Unternehmungen erfordern viel Erfahrung – nicht nur im Hinblick auf die Höhe. Wer die hat und sich vor dem Aufstieg fit fühlt, kann aufsteigen. Das bei solcher Aufstiegstaktik immer ein Restrisiko für eine Höhenkrankheit besteht, muss jedem bewusst sein und frühzeitiges Umkehren beim Auftreten von Beschwerden ist keine Schande!
Auch der Biancograt wird immer wieder im Rahmen einer Wochenendtour gemacht. Anreise bis zur Tschierva-Hütte (2583 m) und am nächsten Tag zum Piz Bianco (3995 m) am Ende des langen Firngrats oder auf den Piz Bernina (4049 m) mit Abstieg zur Marco e Rosa Hütte (3597 m). Vernünftig oder nicht, das muss jeder für sich selbst entscheiden. Für einige Bergsteiger ist dies ohne Höhenprobleme möglich, für andere wiederum nicht. Aus höhenmedizinischer Sicht sind solche Unternehmungen jedoch nicht vorbehaltlos zu empfehlen. Wer kein Risiko eingehen will, akklimatisiert sich an Wochenenden zuvor an niedrigeren Gipfeln.
Der Wochenendbergsteiger steht immer unter Zeitdruck, will sein Gipfelziel erreichen und spätestens am Sonntagabend wieder zurück sein. Wer allerdings am Gipfeltag mit starken Kopfschmerzen aufwacht bzw. die kurze Nacht schlaflos und mit Kopfschmerzen verbracht hat, sollte auf den Gipfelanstieg verzichten! Schließlich sollte eine Hochtour auch ein

Piz Palü, Spinasgrat

Marco e Rosa Hütte, 3597 m

Erlebnis sein und mit heftigem Schädelbrummen und dem Risiko ernsthaft höhenkrank zu werden kann man nicht unbeschwert aufsteigen.
Als Wochenendtour sind hohe Drei- bzw. niedrige Viertausender im Hinblick auf die Höhenanpassung immer grenzwertig, vor allem, wenn auch noch eine lange An- und Abreise bewältigt werden muss. Wer mit dem Auto reist, läuft darüber hinaus auch Gefahr nach dem kräftezehrenden Auf- und Abstieg, der kurzen Nacht und dem ohnehin schlechten Hüttenschlaf das Schlafdefizit am Steuer nachzuholen!!

Info!

Hochtouren in den Westalpen, die über die 4000 m hinausgehen, bedürfen grundsätzlich einer Höhenanpassung. Für die hohen und anspruchsvollen Viertausender sollte man dafür mehrere Tage bis eine Woche einplanen.

Trekking und Expeditionen

Die südamerikanischen Anden sind für alle die interessant, denen die Westalpengipfel nicht hoch genug sind. Natürlich bieten sich auch der Elbrus (5642 m) und der Kilimanjaro (5895 m) an um die individuelle Höhenverträglichkeit auszuloten, aber die Vielfalt an Höhen, Gipfeln und Schwierigkeitsgraden ist in Südamerika unvergleichlich größer. Und so sammelt fast jeder, der in größere Höhen will, erste Erfahrungen am peruanischen Huascaran (6768 m) und vielleicht

Huascaran, Hochlager

am niedrigeren Quitaraju (6035 m) oder versucht sich gleich am höchsten Berg in Südamerika, am argentinischen Aconcagua, dem gerade noch 40 Meter bis zum Siebentausender fehlen. Vielleicht auch am nur 66 Meter niedrigeren zweithöchsten Andengipfel, dem Ojos del Salado in den chilenischen Zentral-Anden oder an einem der vielen anderen, weniger stark frequentierten Fünf- und Sechstausendern vom chilenischen Süden bis zum ecuadorianischen Norden der Kordilleren.

Wer sich auf Fünf- und Sechstausendern eine gute Höhenverträglichkeit bescheinigt und sich aber noch unsicher ist, ob die auch für einen »kleinen« Achttausender reicht, der kann sich noch zuvor an einem Siebentausender testen. Nicht wenige, die zum ersten Mal zum Cho Oyu (8021 m) oder zur Shisha Pangma (8013 m) im Himalaya oder zum Gasherbrum II (8035 m) im Karakorum aufbrechen, haben dies gemacht. Sie waren entweder auf dem Pik Lenin (7134 m) im zentralasiatischen Pamir, am Muztagh Ata (7546 m) im chinesischen Sinkiang oder am Baruntse (7168 m) in Nepal.

Alpamayo und Quitaraju, 6035 m

Spätestens wenn man in außereuropäischen Bergregionen Fünf-, Sechs-, Sieben- oder Achttausender besteigt, ist das Wissen um die Höhenanpassung und die Anpassungsstörungen überlebenswichtig.

Info!

Auf den viel begangenen Pfaden zum Everest und rund um die Annapurna gibt es inzwischen zwar Erste-Hilfe-Stationen, aber ein organisiertes Rettungswesen wie in den Alpen darf man im Himalaya und in den Anden nicht erwarten. Während in den Alpen nach Alarmierung und bei geeigneten Wetterbedingungen ein rascher Abtransport ins Tal mit einem Helikopter möglich ist, muss der Abstieg bei außereuropäischen Höhenzielen fast immer alleine oder mit Hilfe anderer erfolgen!

Oft ist der Zeitrahmen knapp Immer öfter werden Unternehmungen angeboten, deren Zeitrahmen eine ausreichende Akklimatisation nicht zulassen, z. B. Kilimanjaro- (5895 m) oder Elbrus-Besteigung (5642 m) in einer Woche, oder womöglich in noch kürzerer Zeit. Wer partout an einer solchen Unternehmung teilnehmen möchte, muss sich kurz vor Abreise vorakklimatisieren, entweder durch Höhenauf-

Gasherbrum II, 1. Hochlager

enthalte oder durch ein simuliertes Höhentraining. Seriöse Unternehmen weisen bei verkürzter Reisedauer auf die Höhenproblematik hin, Reiseagenturen vor Ort kaum.

Info!

Am Kilimanjaro sterben jährlich Höhentrekker an den Folgen eines Lungen- oder Hirnödems und viele brechen die Unternehmung mit heftigen Kopfschmerzen, Übelkeit und Schwindel spätestens auf der Kibohütte (4703 m) ab.
Vor allem der Höhensprung von etwa 1000 Hm zwischen der Horombo- und Kibohütte auf der Standardroute (Marangu) lässt viele höhenkrank werden.

Auf dem Everest Trek wird fast jeder Zweite höhenkrank

Info!

Auf dem häufig begangenen Everest-Trek, der nach einem Flug auf 2850 m in Lukla beginnt, wird auf dem anschließenden Weg zum Basislager oder zum Kala Pattar bis Pheriche (4245 m) fast jeder Zweite höhenkrank.

Die Klimazonen in den tropischen Bergregionen der Anden und Afrikas und im Himalaya verleiten so manchen Trekker die Höhen sozusagen im Sturm zu nehmen. Schließlich steht der Abflugtermin schon fest und erleben will man ja auch was in der oft zu kurzen Urlaubszeit. Da passt es vielen offenbar nicht ins Konzept, Tage scheinbar sinnlos verstreichen zu lassen »ohne Höhe zu machen« und sich Ruhe zu gönnen um sich an die Höhe anzupassen.

Namche Bazar, Everest Trek

Tengboche, Ama Dablam, Everest Trek

Wer denkt auch schon an warmen Nachmittagen zwischen Rhododendron und Kiefern daran, dass er im Begriff ist die Viertausenderlinie zu überschreiten, oder auf dem Weg zwischen Pheriche und Gorak Shep, dass er schon längst die Höhe des Mont Blanc hinter sich gelassen hat, liegen doch bei uns schon längst auf diesen Höhen Schnee und Eis. Spätestens, wenn der Kopf vor Schmerzen zu platzen droht oder die Atmung sich verschlechtert, überdenkt so mancher sein Tun.

Info!

Überraschenderweise werden Teilnehmer an organisierten Hochtouren in Nepal deutlich öfter höhenkrank und sterben etwa viermal häufiger an der Höhenkrankheit als Individualtouristen.

Die Gründe sind bekannt: Einer ist der starre Zeitplan, der wenig Spielraum für die individuelle Befindlichkeit in der Höhe lässt, ein anderer ist der Gruppenzwang, der uns das machen lässt, was andere auch machen, auch weitergehen, wenn man sich nicht wohl fühlt oder wenn sogar der Schädel brummt. Viele nehmen eher ein Schmerzmittel, als dass sie zugeben höhenkrank zu sein, und schließlich gibt es auch immer genug andere Gründe für den schlechten Schlaf oder die Kopfschmerzen.

Gerade in der Nichtbeachtung und der Verharmlosung erster Beschwerden liegt aber das Problem.

Etwa 30 bis 40 Rettungsflüge sind jährlich von Pheriche erforderlich, dazu kommen noch die Flüge, die aus den übrigen Regionen des Khumbu organisiert werden. Aber, das muss auch noch einmal in aller Deutlichkeit gesagt werden, die Hubschrauber kommen nur, wenn man im Voraus auch den Nachweis der Zahlungsfähigkeit erbringen kann!

Höhentaktik an einem Achttausender Auf den Gipfel kämen theoretisch viele, wenn der Tag mehr als 24 Stunden hätte. Nur würde ihnen das letztlich nicht viel nützen, weil irgendwann in der dünnen Luft die Körperenergie nur noch langsam fließt, die Erschöpfung immer größer wird, der Wasserverlust dass Blut immer stärker eindickt und gesundheitliche Risiken lebensbedrohend werden. Deshalb wird auch ein verlängerter Tag die Gipfelchancen nicht verbessern, weil Tageslicht alleine kein limitierendes Kriterium ist und weil in der Gipfelzone eines Achttausenders eben andere Gesetzmäßigkeiten herrschen als bei Sechs- und Siebentausendern.
Schnelligkeit im Aufstieg und im Abstieg ist grundsätzlich bei hohen Bergen die beste Gewähr für einen Gipfelerfolg und eine unbeschadete Rückkehr. Bei Achttausendern ist Schnelligkeit aber ein absolutes Muss, will man nicht in der menschenfeindlichen Todeszone das Opfer seiner reduzierten Existenz werden.
Deshalb ist es auch notwendig, dass man vorab Umkehrzeiten genau festlegt. Aber die beste Zeitplanung nutzt nichts, wenn man sich dann letzten Endes doch nicht daran hält. Sicher es fällt nicht leicht im Angesicht des schon nahen Gipfels umzukehren, aber wer verhindern will, dass er zu spät am Gipfel ist und dann vielleicht auch schon zu erschöpft für einen sicheren Abstieg, muss solche Zeiten unbedingt beachten. Ein Marathonläufer kann total verausgabt über die Ziellinie gehen. Bei einem Bergsteiger aber endet der Weg nicht am Gipfel, er ändert nur die Richtung. Wer in die Gipfelzone eines Achttausenders vordringt, der stößt dort auf die absolute Leistungsgrenze seines biologischen Systems. Diese Lebens- oder Existenzgrenze ist keine feste Linie, die man willentlich oder wissentlich überschreiten kann. Sie entspricht einer individuellen Höhenlinie in der Gipfelzone, und sie ist

vor allem zeitabhängig und Ausdruck aufgebrauchter Leistungsreserven und eines ungenügenden Energieflusses. Verstärkt wird die Situation noch durch den Wasserverlust, der unser Blut eindickt und zähflüssig macht und die Kälte, die den Druck im Hirn- und Lungenkreislauf erhöht und die Entwicklung tödlicher Höhenödeme begünstigt. Manche überschreiten diese Linie bereits im Aufstieg, häufiger jedoch im Abstieg. Aber das merkt man kaum. Zuvor spüren wir eine unendliche Erschöpfung, und beginnen oft zu halluzinieren, sehen und hören Dinge, die nicht real existieren.

K2, 4. Hochlager, 7900 m

Als 1986 Kurt Diemberger und Julie Tullies nach ihrem Gipfelerfolg am K2 den Abruzzengrat zum Lager IV hinuntersteigen, warten dort bereits schon fünf Bergsteiger in zwei kleinen Zelten. Ein fürchterliches Unwetter macht einen weiteren Abstieg zunächst unmöglich.

Fünf lange Tage und Nächte müssen sie auf 7900 Meter ausharren. Als der Schneesturm sich am sechsten Tag gelegt hat, ist Tullies bereits tot, Alan Rouse liegt dem Tode nah in einem komatösen Dauerschlaf und ist nicht mehr erweckbar. Zu fünft beginnen sie beim Abstieg den Wettlauf mit der Zeit um ihr Leben, den am Schluss nur zwei, Kurt Diemberger und Willi Bauer, stark angeschlagen und mit Erfrierungen gewinnen.

K2, 8611m, Gipfelaufbau

Dass der Mensch überhaupt bis auf achttausend Meter und höher vordringen kann, verdankt er lediglich der Möglichkeit sich kurzfristig an die Höhe zu adaptieren. Eine dauerhafte Anpassung, im Sinne einer bleibenden Akklimatisation ist in solchen Höhenbereichen nicht möglich, und geht nur bis etwa 5300 Meter.

Höhentaktik an einem Achttausender

- 2–3-tägige Akklimatisation an die Basislagerhöhe, anschließend im Rahmen der Hochlagertransporte etappenweise aufsteigen, nach Möglichkeit nie mehr als 1000 Hm
- Nach dem 1. Hochlagertransport wieder Abstieg in das Basislager, 2–3 Ruhetage
- Nach dem 2. Hochlagertransport erstmals Übernachtung im 1. Hochlager, anschließend Abstieg ins Basislager, 2–3 Ruhetage
- Beim 3. Hochlagertransport erneute Übernachtung im 1. Hochlager und danach Aufstieg ins 2. Hochlager und Abstieg ins Basislager, 2–3 Ruhetage
- Beim 4. Hochlagertransport Aufstieg ins 2. Hochlager (ca. 7000 m) und Übernachtung dort zur Atemanpassung. Abstieg ins Basislager, falls möglich auch noch tiefer zur mehrtägigen Regeneration.
- Beim Gipfelgang in einem Zug durchsteigen, nur soviel Übernachtungen in den Hochlagern wie unbedingt nötig
- Am Gipfeltag mit 2–3 Liter warmem und gezuckertem Tee aufsteigen und diesen auch trinken! Aufenthalt jenseits von 7500 m so kurz wie möglich halten, Abstieg im Zustand der zunehmenden Erschöpfung ist gefährlich!
- Nach Möglichkeit bis in das 2. Hochlager absteigen.

Auch wenn wir die Atmung kräftig steigern und auch vertiefen, nehmen wir mit zunehmender Höhe und immer dünnerer Luft immer weniger Sauerstoff auf. Ohne ausreichenden Sauerstoff kann aber nicht genug Energie bereitgestellt werden. Nicht nur die Kraft zum Steigen lässt nach auch alle lebenswichtigen Funktionen werden immer weiter eingeschränkt.

Oft eine Frage der Ehre – zusätzlicher Sauerstoff? Was spricht eigentlich gegen die Verwendung von Flaschensauerstoff? Diese Frage wird fast genauso intensiv und leidenschaftlich diskutiert wie die, was ambitionierte,

aber alpinistisch eher unbedarfte, Höhentouristen auf Achttausendern zu suchen haben.
Wenn Kammerlander sagt, Sauerstoff solle man allenfalls zum Tauchen hernehmen, dann hat er zwar viele Lacher auf seiner Seite, aber er trifft damit das Problem nicht wirklich im Kern. Sicher, die erbrachte Leistung wird unter alpinsportlichen Gesichtspunkten weniger wertvoll sein, aber interessiert das den, der nicht so risikofreudig ist, wirklich?
Für viele stellt sich doch, zumindest an den fünf höchsten Achttausendern, überspitzt formuliert, die Frage, wie komme ich ohne (Dach-) Schaden vom Dach der Welt, denn es steht außer Zweifel, dass bei Aufstiegen ohne zusätzlichen Sauerstoff unser zentrales Nervensystem nicht nur in der Höhe selbst, sondern auch nach der Rückkehr vom Gipfel beeinträchtigt ist, wobei insbesondere das Kurzzeitgedächtnis, die Konzentrationsfähigkeit, sowie Wahrnehmung und Urteilsfähigkeit betroffen sind. Die Alltagstauglichkeit unseres Gehirns wird dadurch zwar offenbar nicht gestört, aber wer weiß, noch ist das Schadensmuster nicht hinreichend sicher bekannt. Vor allem bei Bergsteigern mit einer guten Atemanpassung in der Höhe konnten Funktionsdefizite wiederholt festgestellt werden. Diese Ergebnisse hatte man eigentlich nicht erwartet, war man doch bislang davon ausgegangen, dass gerade eine ausreichende Atmung, die den Abfall der Sauerstoffsättigung im Blut relativ gering hält, den besten Schutz vor solchen Beeinträchtigungen bietet.
Tom Hornbein, Erstbesteiger des nach ihm benannten Couloirs am Everest-Gipfel und hauptberuflich Anästhesist, erklärt das mit der Wechselwirkung des Sauerstoff- und Kohlendioxid-Teildruckes auf die Weite der Hirngefäße. Bei guter Atemumstellung würde der Einfluss des erhöhten Sauerstoffdruckes stärker sein und hieraus eine Gefäßverengung resultieren. Klingt plausibel, bewiesen ist es aber bislang noch nicht.
Wer seine Höhentoleranz ausloten kann, Zeit und Geld hat diese zu ermitteln, der soll, wenn er klar kommt, ohne zusätzlichen Sauerstoff gehen. Die Einrichtung eines Sauerstoffdepots für den Notfall sollte in jedem Fall überlegt wer-

Everest-Südostgrat, Hochbetrieb am »Hillary Step«

den. Aber wer nicht sicher weiß, wie er jenseits von 8400 Metern zurecht kommt, und wer nicht um jeden Preis und partout ohne Sauerstoff zum Gipfel will, soll die Wahl haben. Auch umkehren wäre eine Möglichkeit, Sicherheit wieder herzustellen – die Entscheidung muss jeder für sich alleine treffen. Aber für viele ist es eine Frage der Ehre und der Preis der gezahlt wird ist hoch: Amputierte Finger und Zehen oder der Erfrierungstod. Sauerstoff gibt zusätzliche Sicherheit.

Solange Spitzenleistungen nicht vorgetäuscht werden, und jeder seine leeren Zylinder wieder herunterschafft, kann es auch nicht verwerflich sein, wenn zusätzlicher Sauerstoff verwendet wird.
Ob es um die Ehre des Höhenbergsteigens oder das Bergsteigen »by fair means« geht, ist für den Nichtprofi von untergeordneter Bedeutung. Weit wichtiger ist, dass jeder das Risiko für sich kalkuliert und sich an die Spielregeln hält.
Solange niemand gefährdet wird, und keine dauerhaften Spuren am Berg zurückbleiben, soll jeder selbst entscheiden dürfen, unter welchen Bedingungen und mit welchem Risiko er den Gipfel erreichen will, und solange dabei mit offenen Karten gespielt wird, und keine Leistungen vorgetäuscht werden, solange besteht auch kein Anlass, eine solche Leistung öffentlich zu diskreditieren. Denn nicht jeder ist ein begnadeter Kletterer und kann mit diesem Metier seinen Lebensunterhalt bestreiten.
Dass ein Anstieg auf einem »Normalweg« unter Zuhilfenahme von Flaschensauerstoff leistungsmäßig anders einzustufen ist als ein alternativer Anstieg in puristischer Enthaltsamkeit, ist keine Frage.
Solange die Bedingungen aber klar genannt werden, spricht nichts dafür, die Verwendung von Hilfsmitteln zu ächten.
»Verhaltet Euch fair und berichtet wahrheitsgemäß«, an diese Forderung in der Tirol Deklaration sollte sich jeder halten.

Jetlag

Als ich damals während meines Medizinstudiums nach einem langen Tag mit Fliegerwechsel im feuchtheißen Bangkok endlich in Hongkong ankam, war ich hundemüde, vielleicht hatte ich mich auch von den reizenden Thai-Stewardessen zu vielen Drinks verführen lassen, aber der Durst in der trockenen Luft des Flugzeuges war groß. Nicht dass ich später beim Aussteigen den Halt des Geländers der Gangway gebraucht hätte, es waren auch nicht so sehr die Getränke, die mich zeitweise wie auf Wolken schweben ließen. Meine innere Uhr hatte vielmehr die Orientierung verloren, hatte mir schon seit Stunden signalisiert, dass Schlafenszeit sei und ich habe, obwohl die Müdigkeit

immer stärker wurde, mich mit Erfolg wach gehalten. Und jetzt, wo ich am Abend in Hongkong aus dem Flugzeug steige, bin ich trotz allem wieder hellwach.
Noch bevor wir über den hell erleuchteten Wolkenkratzern, den mit Lichterketten geschmückten großen Schiffen und den Hunderten von kleinen Dschunken einschwebten und auf der Landebahn im Wasser aufsetzten, war mir bereits klar, dass mein Tag-Nachtrhythmus durcheinander gekommen war. Nun war die Faszination für das Neue und Fremde aber so stark, dass sie mein Zeitgefühl scheinbar ausschaltete, auch als wir anschließend mit dem Wagen durch die Straßen zum Universitätsgelände und dem Tsan Yuk Hospital, einem Universitätskrankenhaus fuhren. Anfangs hatte ich eher den Eindruck, ich blätterte in einem Fotoband von Hongkong und betrachtete mir die Bilder mit den großen bunten Reklametafeln und chinesischen Schriftzeichen weil ich mir damals noch nicht vorstellen konnte, dass man nach einem Tag bereits in einer völlig anderen Welt sein kann, ich spürte nicht mehr die geringste Müdigkeit. Später saß ich noch mit Howard, einem kanadischen Studenten auf unserem Zimmer bis dessen innere Uhr Zeit zum Schlafengehen signalisierte. Jetzt aber wollte ich nicht mehr müde werden, denn meine innere Uhr wollte nicht wahrhaben, dass ich inzwischen dem Sonnenaufgang viele Stunden entgegen geflogen war und drängte mich zum Aufstehen. So lag ich im Bett und konnte, obwohl ich einige Stunden zuvor noch so müde war, nicht mehr einschlafen. Ich drehte mich auf der Suche nach Schlaf von einer Seite auf die andere und dann, als ich endlich in einen immer tieferen Schlaf fiel, brummte ein Wecker. Nur zögerlich und widerwillig öffnete ich die Augen und wollte einfach nicht wahrhaben, dass es hinter den Fenstern bereits wieder hell war, was in keiner Weise zu meiner Müdigkeit passte. Alle im Zimmer waren offenbar ausgeschlafen, nur ich lag mit schweren Lidern im Bett und hätte mir am liebsten die Decke über den Kopf gezogen und weitergeschlafen.

Unsere innere Uhr geht nach einem 25-Stunden Rhythmus. Sie kann sich eher auf eine Verlängerung denn eine Verkürzung einstellen. Deshalb bereiten vor allem Reisen in die öst-

lichen Zeitzonen größere Anpassungsprobleme als ein Flug nach Westen. Aber Nachgeben ist kontraproduktiv, verhindert nur, dass die eigene innere Uhr sich anpasst.
Etwa eine Woche hat es gedauert, bis ich mich an den neuen Wechsel von Tag und Nacht gewöhnt hatte.
Pro Stunde Zeitverschiebung braucht man etwa einen Tag um sich an den neuen Rhythmus zu gewöhnen. Info!
Wenn man bei der Anreise auf Bier oder Wein verzichtet, soll die Umstellung noch leichter sein, das habe ich aber selbst noch nicht ausprobiert.
Inzwischen nehme ich nach einem mehrstündigen Zeitzonenwechsel in den ersten Tagen regelmäßig Temazepam (z. B. Planum mite), ein leichtes Einschlafmittel, und schlafe dann immer gut und tief und wache am Morgen frisch und ausgeschlafen auf.

Gibt es einen Test zur Bestimmung der Höhentauglichkeit?

Die Anpassung der Atmung und auch von Herz und Kreislauf in der dünnen Luft lässt sich mit einem Hypoxietest gut vorhersagen. Hierbei wird ein sauerstoffärmeres Luftgemisch über eine Maske für einige Minuten geatmet, gleichzeitig verfolgt man an einem Pulsoxymeter den Abfall der Sauerstoffsättigung im Blut. Am Ende einer solchen Untersuchung weiß man dann, ob diese gut, schlecht oder irgendwo zwischen diesen beiden Extremen liegt. Man weiß dann zwar, ob die Akklimatisation zügig oder eher beschwerlich verläuft und vielleicht auch, ob die Nächte in der Höhe eher problemlos oder doch mehr schlaflos sein werden, aber eben nicht auf zuverlässige Weise wie anfällig man gegenüber den Höhenkrankheiten ist.
Als Trost für alle, die feststellen werden, dass sich ihre Atmung in der Höhe weniger zügig anpasst, sei an dieser Stelle gesagt, dass Messner und Habeler, die zu den weltbesten Höhenbergsteigern gehören und die den Everest als erste ohne zusätzlichen Sauerstoff bestiegen, auch die üblichen Schwierigkeiten hatten sich an die dünne Luft zu gewöhnen. Die

Gipfelchancen blieben hiervon jedoch unberührt und ernsthaft höhenkrank sind sie deshalb auch nie geworden.
Das Erkrankungsrisiko korreliert zwar direkt mit dem Vermögen, wie rasch unser Organismus und insbesondere die Atmung die Sauerstoffknappheit kompensieren kann, es entscheidet aber nicht ausschließlich darüber, ob und wie ernsthaft man höhenkrank wird.

Höhentauglichkeitsuntersuchung

Es könnte ja so einfach sein, man geht zu einem Spezialisten, stellt die Frage nach der Höhentauglichkeit, es folgen ein paar Untersuchungen und kurz darauf steht das Ergebnis fest: Voll höhentauglich, oder vielleicht nur eingeschränkt oder gar überhaupt nicht höhentauglich. In den beiden letzteren Fällen erhält man dann umgehend Tipps, wie man innerhalb kürzester Zeit voll höhentauglich wird.
Ja, so könnte es sein, ist es aber leider nicht. Anders als bei der Beurteilung der Tauchtauglichkeit lässt sich die Eignung für die Höhe und insbesondere nicht das persönliche Risiko für die Entwicklung von Höhenkrankheiten im Voraus bestimmen, man muss es persönlich ausloten.
Wenn man aber das Risiko für Höhenkrankheiten nicht vorbestimmen kann, warum soll man sich dann höhenmedizinisch untersuchen und beraten lassen?

Cho Oyu, 7050 m, Sonnenuntergang

Eine höhenmedizinische Untersuchung macht in jedem Fall Sinn, schließlich werden hierbei die Organe auf ihre Funktionstüchtigkeit überprüft, die die Hauptlast der Akklimatisation, also der Anpassung an die dünne Luft tragen, Herz, Kreislauf, Lunge und Nieren. Auch Gesundheitsstörungen, die unter der Kälte und der dünnen und trockenen Luft bedeutsam sind, können im Vorfeld erkannt und behoben werden. In erster Linie betrifft dies latente Infektionsherde in den Gaumenmandeln, den Nasennebenhöhlen, den Zähnen und den Mittelohren.

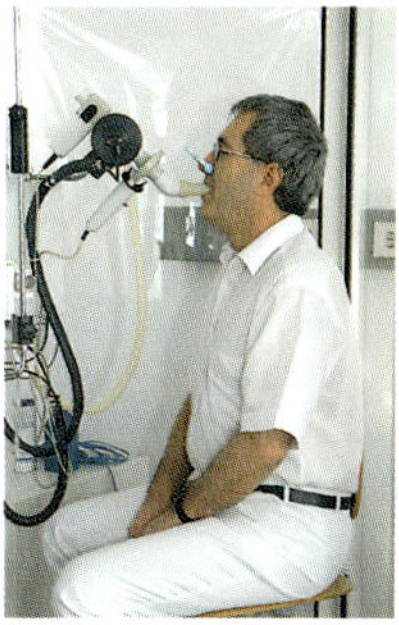

Lungenfunktionstest

Nicht nur, dass solche Entzündungsherde in der Höhe und unter der körperlichen Belastung neu aufflackern, sie heilen in der Kälte und der dünnen Luft auch kaum aus. In jedem Fall bedeutet eine akute Entzündung den Rückzug aus den Hochlagern in das Basislager, mitunter auch das Ende der Expedition, und dieses Risiko muss man nicht mutwillig eingehen.

Eine höhenmedizinische Beratung ist darüber hinaus immer sinnvoll, wenn bei früheren Unternehmungen Probleme während der Akklimatisation oder Gesundheitsstörungen aufgetreten sind. Fast immer sind sie die Folge einer falschen Höhentaktik, in über 75% der Fälle können sie denn auch mit einer geänderten Strategie beim nächsten Mal vermieden werden.

Nichts kann beim Trekking oder bei Expeditionen unerträglicher sein als der permanente Schmerz einer Entzündung in der Tiefe einer Zahnwurzel. Hat man erst einmal die Zivilisation hinter sich gelassen und nähert man sich dem Berg seiner Träume, dann bringen Zahnschmerzen selbst den härtesten Bergsteiger schnell aus der Fassung.

Eigentlich wollte man ja noch zu seinem Zahnarzt, aber zum Schluss blieb einfach keine Zeit mehr, oder war kein Behandlungstermin mehr frei. So oder so ähnlich sind die Gründe, weswegen man den Gang zum Zahnarzt unterlassen hat. Tatsache ist auch, dass viele den Weg zum Zahnarzt scheuen und immer erst dann gehen, wenn ein Termin unausweichlich wird. Aber wer seiner Karies freie Hand lässt, muss sich nicht wundern, wenn diese Zahnschmelz und Dentin immer stärker

zerstört und Bakterien den Weg in die Wurzelkanäle öffnet. Anfangs spürt man ein unangenehmes Ziehen, wenn man kalte Luft einatmet oder Süßes isst. Haben sich Bakterien erst einmal in der Pulpa eingenistet und bringt auch ein Antibiotikum keine Erleichterung mehr, gibt es oft keine Wahl mehr, dann muss der Zahn raus.

Zahnärztliche Herausforderung

Dabei ließen sich solche Probleme auf Expeditionen mit einer sorgfältigeren und gewissenhafteren Zahnhygiene sicher vermeiden, zwar nicht bei den vielen Hochträgern, die in ihrem ganzen Leben noch nie einen Zahnarzt zu Gesicht bekamen, in jedem Fall aber bei allen angereisten Bergsteigern.
Spätestens aber, wenn die Entzündung vom Zahn auf den Kieferknochen übergreift, kann man den Gipfel gleich vergessen, dann ist es ohnehin besser man fährt zurück nach Lima, Skardu im Karakorum, Kathmandu oder Lhasa oder in die nächst größere Stadt und lässt sich professionell versorgen.
Gar nicht so selten können derartige Entzündungen auch bei dem erschwerten Durchtritt des dritten Backenzahns, besser bekannt als Weisheitszahn, auftreten. Wessen Weisheitszähne noch unter einem dünnen Knochendeckel in der Tiefe des Kiefers schlummern, sollte deshalb mit seinem Zahnarzt klären, ob man sie dort vorerst belässt oder vorsorglich entfernt.
Ein weiteres Zahnkapitel, das oft Anlass zu viel Ärger und Schmerzen geben kann ist der Verlust von Füllungen. Diese lockern sich oft unter einer fortschreitenden Karies, die Höhe selbst, insbesondere die Kälte oder der abnehmende Luftdruck spielen beim Bergsteiger, anders als bei Tauchern oder bei Piloten von Militärjets, die großen Luftdruckschwankungen ausgesetzt sind, eher eine untergeordnete Rolle.
Oberflächliche Defekte lassen sich provisorisch verschließen. Hierzu kann man die gleichen Materialien verwenden wie zu einer Wurzelfüllung, als Notbehelf kann man auch Bienenwachs oder Kaugummi hernehmen.
Auch ein gelöstes Inlay kann, wenn es nicht versehentlich zerbissen, verschluckt oder verloren wurde, auf ähnliche Weise wieder fixiert werden.

Register – Alles von A bis Z

Abstieg 41
Abtransport 41, 43
Acetazolamid (Diamox) 43
Achttausender, Höhentaktik 82
Aconcagua 78
Aerob 45, 69
Aerobe Kapazität 71
Aerobe Schwelle 71
Aiguille du Midi 30
Akklimatisation 10, 24, 75
Akute Bergkrankheit 27, 29, 42
Allalinhorn 30
Alpines Bergsteigen 75
Alto 30
Anaerob 45, 69
Anaerobe Schwelle 71
Anden 33, 77
Anfälligkeit, erhöhte 44
Annapurna-Trek 71
Antibabypille 61
Appetitlosigkeit 28
Atemantrieb 23, 59
Atemgrenzwert 73
Atemmuskulatur 13
Atemmuskulatur, Training 73
Atemnot 39
Atemzentrum 13, 14
ATP (Adenosintriphosphat) 69
ATP-Regeneration 69
Aufstieg, schneller 33
Ausdauersportler 16

Baruntse 78
Bauer, Willi 83
Belastungs-Elektrokardiogramm 20
Belastungssättigung 17
Benoxinat 51
Bepanthen 51
Beratung, höhenmedizinische 90
Bergkrankheit, akute 42
Bernina 76
Bewusstlosigkeit 52
Biancograt 76
Bindehaut 51
Blutgerinnsel 58
Blutviskosität 21
Blutzuckerwerte 65
Bolivien 30
Bovalhütte 76
Brandenburger Haus 75
Breslauer Hütte 76

Chemorezeptoren 13, 14
Cheyne-Stokesche Atmung 22
Cho Oyu 34, 55, 56, 78
Codein 59

Dexamethason 33, 35, 36, 41, 42, 43, 48
Diabetes mellitus (Zuckerkrankheit) 63
Diamox 41, 48
Diavolezza Berghaus 76
Diemberger, Kurt 83
Druck im Lungenkreislauf 38
Druckerhöhung in den Hirngefäßen 52
Durstgefühl 68

Einschlafhilfen 21
Einschlafmittel 89
Elbrus 71, 77, 79
Embolie 56
Energiebereitstellung 69
Erbrechen 37
Erfrierungen 52, 54
Erfrierungstod 86
Erhöhte Anfälligkeit 44
Ersatzampullen 64
Erythropoietin 72
Everest 8, 36, 51, 59
Everest Basislager 31
Everest Nordseite 32
Everest Trek 21, 39, 71, 80
Expeditionen 77
Extreme Höhen 9, 10

Fettreserven 70
Fettsäuren 69

Gangstörungen 34, 37
Gangunsicherheit 35
Gasherbrum II 78
Gaumenmandeln 90
Geringe Höhen 10
Gleichgewichtsstörungen 34
Glomuskörperchen 14
Glukose 69
Glykogenspeicher 70
Gorak Shep 81
Große Höhen 9, 10

Habeler 89
Halluzinationen 34, 37
Hämatokritwert 21
Hautalterung 55
Hautbräunung 55
Hautkrebs 55
Herzgefäßerkrankungen 19
Herzrhythmusstörungen 52
Herztod, plötzlicher 19, 56
Hirndruckzeichen 37
Hirnschwellung 33, 41, 48

Hochgelegene Flugziele 30
Hochjoch Hospiz 75
Höhe, Eignung 89
Höhenbereiche 9
Höhendeterioration 24, 46
Höhenhirnödem 31, 33, 34, 35, 37, 43, 48, 61
Höhenhusten 59
Höhenkrankheit 60
Höhenkrankheiten, Risiko 89
Höhenluft, trockene 68
Höhenlungenödem 29, 31, 33, 37, 38, 39, 40, 41, 43, 48, 60
Höhenmedizinische Beratung 91
Höhenmedizinische Untersuchung 89
Höhenödeme, lebensbedrohende 33
Höhenpuls 18
Höhenschlaf 21
Höhensimulation 72
Höhentaktik 44, 46
Höhentaktik, Achttausender 82
Höhentauglichkeit 89f.
Höhentraining 72
Hornbein, Tom 85
Hornhaut des Auges 51
HRA (Himalayan Rescue Association) 40
Huascaran 77
Huayna Potosi 8
Husten 40
Hustenmittel 59
Hypoxietest 89
Hypoxietraining 72

Ibuprofen 41, 42
Indien 30
Infektionsherde HNO-Bereich 91
Inlay 92
Insulindosis 65
Insulin-Trockenpulver 65

Jetlag 86
Jungfrau 30

K2 83
Kabinendruck Flugzeug 62
Kal Pattar 80
Kälteschmerz 54
Kälteschutz 43
Kältetod 52
Kapazität, aerobe 70
Karies 91
Kibohütte 80
Kilimanjaro 71, 77, 79, 80
Kinder 60
Kleines Matterhorn 30
Kohlendioxid-Teildruck 13
Kopfdruck 27
Kopfschmerzen 28, 37, 41, 49
Körperliche Leistungsfähigkeit 67
Körperliche Schwäche 28
Körpertemperatur 54
Künstliche Höhenbedingungen 72
Kurzatmigkeit 23, 28, 40
Kurzfristiger Sauerstoffmangel 13

La Paz 13, 30
Ladakh 30
Laktat 45
Laktat-Leistungskurve 71
Lebensbedrohende Höhenödeme 33
Leh 30
Leistungsfähigkeit in der Höhe 67
Leistungsfähigkeit, körperliche 67
Leistungsknick 39
Leistungstest 71
Lhasa 30, 31, 35
Linsentrübung 55
Lippenherpes 55
Luft, Zusammensetzung 7
Luftdruck 7, 8, 9
Luftfeuchtigkeit 10
Lukla 80
Lungenbläschen 13, 38
Lungenembolie 56, 58

Marco e Rosa Hütte 76
Margherita-Hütte 28, 30
Martin Busch Hütte 75
Mate de Coca-Tee 47
Maximale Sauerstoffaufnahmefähigkeit 70
Menstruationszyklus 61
Messner 89
Milchsäure (Laktat) 70
Mittelohren 90
Mittlere Höhen 9, 10
Mönch 30
Mönchsjochhütte 28
Mont Blanc 8
Mt. Vinson 8
Muztagh Ata 78

Nasennebenhöhlen 90
Netzhautblutungen 51, 52
Netzhautschäden 55
Nichtsportler 16
Nifedipin 40, 41, 48
Nifedipin retard 43

Noscapin (Capval) 60
Notfallsauerstoff 41

Ojos del Salado 78
Ozonschicht 11

Pamir 78
Passive Berganstiege 44
Pens 64
Pheriche 80, 81
Pik Lenin 78
Piz Bernina 76
Piz Bianco 76
Piz Palü 76
Planum mite 89
Plötzlicher Herztod 19, 56
Prophylaxe 48
Prüfzeichen UV-400 56
Pulsoxymeter 16, 89
Pulsoxymetrie 43

Quitaraju 78

Rascher Abstieg 43
Rasselgeräusche beim Atmen 40
Risiko Höhenkrankheiten 89
Rongbuk Kloster 35
Rote Blutkörperchen 18, 21, 23, 24
Ruhepuls 19
Ruhetag 41, 42

Sauerstoff, zusätzlicher 84
Sauerstoffarme Atemgasgemische 72
Sauerstoffdepot 85
Sauerstoffgabe 43
Sauerstoffmangel, kurzfristiger 13
Sauerstoffsättigung 15, 17, 19, 23, 32, 36, 39, 43, 49, 59, 89
Sauerstoff-Teildruck 7, 13, 14, 67
Sauerstofftransport 21
Säuglinge 60
Schlafhöhendifferenzen 47
Schlafmittel 23
Schneeblindheit 49, 55
Schnelle Höhenziele 29
Schneller Aufstieg 33
Schneller Leistungsabfall 40
Schneller Puls 40
Schwangerschaft 62
Schwellenhöhe 37, 47
Schwellungen der Augenlider 28
Schwindelzustände 34
Sehstörungen 49
Senioren 60, 61
Shisha Panama 78
Sildenafil 48
Similaun 75
Sonnenbrand 55
Sonnenschutzmittel 56
Steigleistung in der Höhe 67
Stratosphäre 11
Sulfonamidallergie 49

Tadalafil (Cialis) 48
Temazepam (Planum mite) 24, 89
Temperatur 10
Tengboche 40
Thrombose 56
Thromboserisiko 61
Tibet 30, 31
Todeszone 82
Training der Atemmuskulatur 73
Trekking 77
Trinken 58
Trinkrucksäcke 58
Trockene Höhenluft 68
Troposphäre 7
Tschierva-Hütte 76
Tullies, Julie 83

Übelkeit 28, 37
Überdrucksack 42, 43
Umkehrzeiten 82
Unterkühlung 52
Untersuchung, höhenmedizinische 89
UV A-Strahlung 11, 54, 56
UV B-Strahlung 11, 54, 56
UV C 11
UV-Strahlung 11, 55
Vernunftwidriges Handeln 34
Vernunftwidriges Verhalten 37
Verschwommensehen 52
Viagra 48
Viertausender 75
VO_2 max 71
Vorakklimatisation 25

Wasserbilanz 68
Wasserdampf 10
Wasserdampfdruck 11
Weisheitszähne 92
Wildspitze 76
Wochenendbergsteiger 76

Zähne 90
Zentrales Nervensystem 85
Zuckerkrankheit (Diabetes mellitus) 64
Zugspitze 8

Dr. Klaus Mees ist Professor für HNO-Chirurgie sowie Expeditions- und Taucherarzt am Klinikum Großhadern in München und leidenschaftlicher Bergsteiger. Im Jahr 2000 machte er eine höhenmedizinische Zusatzausbildung zum Expeditionsarzt, die ihm gleichzeitig die Möglichkeit eröffnete, seine höhenmedizinischen Aktivitäten besser mit seinem beruflichen Alltag zu verbinden. So konnte er – jeweils im Rahmen von Expeditionen nach Südamerika, Nepal, Tibet und Pakistan, die er auch medizinisch betreute – 2001 an Alpamayo und Huascaran, 2002 am Cho Oyu und 2003 am Gasherbrum II Untersuchungen zur Früherkennung des oft tödlich verlaufenden Höhenhirnödems jeweils bis in die Gipfelzonen durchführen und die Gipfel selbst besteigen. Aktuell ist er im Frühjahr 2005 zu weiterführenden Untersuchungen in der Gipfelzone des Everest.

Impressum:
Ein kostenloses Gesamtverzeichnis erhalten Sie beim
Bruckmann Verlag
D-81664 München
www.bruckmann.de

Lektorat: Claudia Hohdorf
Layout und Zeichnungen: Verlagsservice Peter Schneider
Repro: ScannerService
Herstellung: Thomas Fischer

Alle Angaben dieses Werkes wurden vom Autor sorgfältig recherchiert und auf den aktuellen Stand gebracht sowie vom Verlag geprüft. Für die Richtigkeit der Angaben kann jedoch keine Haftung übernommen werden. Für Hinweise und Anregungen sind wir jederzeit dankbar. Bitte richten Sie diese an:
Bruckmann Verlag
Lektorat
Innsbrucker Ring 15
D-81673 München
E-mail: lektorat@bruckmann.de

Bildnachweis: Alle Fotos stammen vom Autor, mit Ausnahme von Gottfried Allgäuer: S. 28; Ralf Dumjovits (www.amical.de): S. 5, 37, 41, 42, 50, 53 (2), 56, 58, 68, 71, 92; Rupert Heider: S. 86; Jan Kerckhoff: S. 35; Dr. Andreas Knez: S. 20, 91; Dr. Andrea Nobbe: S. 63; Prof. Dr. Klaus G. Parhofer: S. 65 u. (2)

Die Deutsche Bibliothek – CIP-Einheitsaufnahme
Ein Titeldatensatz für diese Publikation ist bei der
Deutschen Bibliothek erhältlich.

Printed in Italy by Printer Trento
ISBN 3-7654-4274-7